성령 기도

성령 기도

ⓒ 생명의말씀사 2015

2015년 2월 25일 1판 1쇄 발행
2016년 3월 25일   2쇄 발행

펴낸이 | 김재권
펴낸곳 | 생명의말씀사

등록 | 1962. 1. 10. No.300-1962-1
주소 | 서울시 종로구 경희궁1길 5-9(03176)
전화 | 02)738-6555(본사) · 02)3159-7979(영업)
팩스 | 02)739-3824(본사) · 080-022-8585(영업)

지은이 | 김홍만

기획편집 | 박미현, 유영란
디자인 | 김혜진, 최윤창
인쇄 | 영진문원
제본 | 정문바인텍

ISBN 978-89-04-18111-7 (03230)

저작권자의 허락없이 이 책의 일부 또는 전체를
무단 복제, 전재, 발췌하면 저작권법에 의해 처벌을 받습니다.

: 진짜 성령은
 이렇게 기도하게 하신다!

들어가는 글

구원받으면 성령으로 기도합니다

너희는 다시 무서워하는 종의 영을 받지 아니하고
양자의 영을 받았으므로
우리가 아빠 아버지라고 부르짖느니라
로마서 8:15

존 칼빈은 그의 역작 기독교 강요 최종판에서 구원론의 결론 부분에 기도론을 배치했습니다. 그가 기독교 강요를 5번에 걸쳐 개정하면서 구원론의 결론으로 기도를 언급한 것은 의미가 있습니다.

기도론에서 칼빈은 진정한 구원 백성들은 하나님께 겸손히 기도하는 모습이 나타날 수밖에 없다고 강조합니다. 청교도들도 로마서 8장 15절을 근거로 사람이 진정으로 회심하면 하나님께 아바 아버지라 부르짖을 수밖에 없다고 말합니다. 이 구절에서 '부르짖음'이라는 표현에 주목하면 진정한 구원 백성의 증거는 간절히 기도하는 것임을 알 수 있습니다.

그렇다면 성령의 역사로 회심한 영혼이 기도할 때 어떻게 기도해야 할까요?

우리는 주위에서 "하나님의 음성을 들었다"는 말을 흔히 듣습니다. 24시간 기도 운동이라든가, 관상기도 같이 영적인 기도를 체험하기 위해 마련된 영성 기도 운동들도 있습니다. 이런 말을 들으면 우리가 기도할 때 하나님께서 물리적인 음성으로 말씀하신다는 생각이 듭니다. 기도할 때 내가 믿는 것을 선언하면 그대로 이루어진다고 말하는 '믿음으로 신언하기 운동(Word of Faith Movement)'도 있습니다.

이런 방법들은 모두 우리가 기도할 때 성령께서 어떻게 일하시는지 몰라 나온 방법론입니다. 오늘날 우리가 기도를 잘못 드리는 이유는 성령의 역사를 모르면서 기도 중에 영적 체험을 추구했기 때문입니다.

성령의 역사를 올바르게 체험하려면 가장 먼저 성령께서 기도 중에 어떻게 일하시는지 알아야 합니다. 그래야 올바른 기도를 드릴 수 있습니다. 이 책은 바로 그 점을 이야기하려고 합니다. 특히 성령께서 신자들이 기도할 수 있도록 어떻게 이끄시는지, 신자들이 기도 중에 성령의 일하심으로 어떤 은혜를 체험하고 변화를 누릴 수 있는지 설명했습니다.

이 책은 직접 기도하면서 성령의 역사를 체험하는 것을 목표로 하고 있습니다. 이 책을 사용하는 방법은 두 가지가 있습니다. 교회에서 21일 동안 '성령과 기도 프로젝트'라는 기도 기간을 설정해 각 장의 내용을 매일 공부하고, 기도하는 것입니다. 개인의 경우에는 21일의 특별한 기도 기간을 정하고, 매일 한 장씩 읽으면서 묵상을 하고 기도하는 것입니다. 18세기 부흥의 신학자였던 조나단 에드워즈는 비상한 성령의 역사를 위해 이러한 기도의 방식을 권장했습니다.

이 책은 많은 청교도들의 기도에 대한 성찰을 바탕으로 했습니다. 존 오웬(John Owen), 존 번연(John Bunyan), 토마스 보스톤(Thomas Boston), 아이삭 왓츠(Isaac Watts) 등의 작품을 읽고 기도 가운데 일하시는 성령의 역사를 정리했습니다.

오늘날 기도에 대한 신학적 의미를 밝히고 실천적인 경험을 이야기하는 저자들이 많습니다. 하지만 정작 기도에서 가장 중요한, 올바른 성령의 역사를 설명하는 데는 미흡한 것 같습니다. 필자는 무엇보다 성령의 역사로 일어나는 체험이 무엇인지 구체적으로 설명하고자 했습니다. 성령께서 이끄시는 기도로 경험할 수 있는 체험을 올바르게 분별하고 바른 기도의 역사를 체험하기를 소망합니다.

한국청교도연구소 소장
김홍만 목사 (Ph.D)

목차

들어가는 글 : 구원받으면 성령으로 기도합니다   4

1 PART 성령 없이 기도할 수 있을까?

01 기도 없는 신앙은 가짜다   13
02 성령이 없으면 기도가 어긋난다   23
03 위선자의 기도엔 열매가 없다   33
04 진짜 기도는 시작이 다르다   41
05 혼자 기도를 시작할 수 없다   47
06 연약함이 오히려 유익이 되다   57
07 성령으로 기도한다는 것은   65

2 PART 기도할 때 성령은 무엇을 하실까?

08 구할 바를 이끄시는 성령의 기도　　75
09 죄를 깨닫게 하시는 성령의 기도　　83
10 부족함을 깨우시는 성령의 기도　　91
11 약속을 바라보게 하시는 성령의 기도　　99
12 그리스도를 향하게 하시는 성령의 기도　　107
13 은혜 위에 은혜를 더하시는 성령의 기도　　113
14 확신으로 이끄시는 성령의 기도　　123

3 PART 성령으로 구하고 경험하라

15 고난 때문에 기도하기 어려울 때　　133
16 유혹에 빠져 기도하기 힘들 때　　143
17 산만해 기도에 집중할 수 없을 때　　151
18 은사와 은혜의 구별이 필요할 때　　159
19 은사로써의 기도가 필요할 때　　167
20 우리를 위한 성령의 은혜　　175
21 교회가 성령을 구해야 하는 이유　　183

나가는 글 : 은혜의 계절을 사모하며…　　190

1 PART

성령 없이 기도할 수 있을까?

기도 없는 신앙은 가짜다
성령이 없으면 기도가 어긋난다
위선자의 기도엔 열매가 없다
진짜 기도는 시작이 다르다
혼자 기도를 시작할 수 없다
연약함이 오히려 유익이 되다
성령으로 기도한다는 것은

고.백. for PRAYER

저는 그들이 의롭다함을 받았는지
실제적으로 판단하겠습니다.
그들의 말과 신앙고백보다는
그들이 기도하는 것으로부터
확인하겠습니다.

_ 존 오웬 John Owen

01

기도 없는 신앙은 가짜다

+

그들이 바로의 세력 안에서
스스로 강하려 하며
애굽의 그늘에 피하려 하여
애굽으로 내려갔으되
나의 입에 묻지 아니하였도다
이사야 30:2

하나님께서 선택하신 백성을 구원하실 때, 성령께서 그 영혼에 역사해 그가 죄인임을 알게 하십니다. 죄인임을 깨달은 영혼은 죄 용서함을 받기 위해 기도하게 됩니다(행 2:37). 진정한 그리스도인은 날마다 하나님께 간절히 기도할 수밖에 없습니다.

스가랴서 12장 10절은 이렇게 설명합니다. "내가 다윗의 집과 예루살렘 주민에게 은총과 간구하는 심령을 부어 주리니 그들이 그 찌른 바 그를 바라보고 그를 위하여 애통하기를 독자를 위하여 애통하듯 하며 그를 위하여 통곡하기를 장자를 위하여 통곡하듯 하리로다."

회개는 하나님께서 베푸시는 은혜입니다. 하나님은 우리가 회개하도록 기도하는 영이신 성령님을 보내 주십니다. 성령께서 도우실 때 우리는 회개할 수 있습니다. 회개할 때 그리스도를 통한 하나님의 용서를 경험할 수 있습니다. 그리고 우리는 하나님을 향해 아바 아버지라 부르짖게 됩니다(롬 8:15).

구원받은 백성은 간구하는 심령을 부음 받습니다. 진정으로 회심한 심령 속에는 기도하는 영적 습관이 형성되어 기도할 수밖에 없습니다.

17세기, 아메리카 인디언을 위해 복음 사역을 한 존 엘리엇(John Eliot)은 인디언들이 미신을 버리고 살아계신 하나님께 돌아오기를 강조했습니다. 그 당시 그리스도를 믿는 인디언에게는 기도하는 인디언(Praying Indians)이란 별명이 붙었는데, 진정한 하나님의 백성은 반드시 기도할 수밖에 없다는 것을 보여 줍니다.

솔로몬 역시 성전 봉헌을 하며 이방인을 위해 기도했습니다. 솔로몬은 먼 지방에서부터 찾아와 하나님께 기도할 이방인들에 대해 언급합니다(왕상 8:41,42). 솔로몬은 그들이 여호와께 기도하거든 그들의 기도를 들으시고, 그들의 일을 돌보아 주시기를 구했습니다(왕상 8:43-45). 그 이방인들은 제사장이나 선지자에게 직접적인 가르침을 받진 않았지만, 하나님께서 하신 일을 소문으로 듣고 그분께 기도하고자 예루살렘에 찾아왔습니다.

이렇듯 하나님을 아는 지식이 있으면 반드시 하나님을 찾고, 하나님께 기도할 수밖에 없습니다.

그러나 어떤 신자는 기도의 열망이 식어 기도가 없는 상태에 이르기도 합니다. 기도가 없다는 건 영적인 성향이 죽고 육적인 성향이 우세하다는 뜻입니다. 우리는 거듭난 후에도 자연적인 부패성과 육적인 성향을 그대로 가지고 있어서, 그 성향이 영적인 성향을 이기기도 합니다. 기도가 없다는 건 영적인 성향이 죽어 간다는 증거입니다.

기도의 열망이 식는 데는 여러 가지 원인이 있습니다.

첫째, 세상에 깊이 들어갈수록 신자는 기도하지 않습니다. 세상의 방식에 빠져들수록 신자는 하나님께 간구하려는 마음이 사라집니다. 이럴 때 신자의 영적 성향이 죽고, 육신적 성향은 더욱 강해집니다. 앗수르가 침략했을 때 이스라엘은 하나님께 도움을 구하지 않고 애굽에 군사적 도움을 요청했습니다(사 30:1, 31:1). 하나님이 아닌 세상의 방식을 선택하는 죄를 지은 것입니다.

세상의 원리에 깊이 물든 신자는 기도가 아닌 인간적 방식과 원리를 의지합니다. 신자를 세상에 물들게 하는 요인은 많습니다. 세상적인 친구들의 영향을 받거나(시 1:1), 세상을 즐거워하는 습성을 버리지 못하는 경우(사 3:18-24)처럼 말입니다. 그러므로 신자는 자기를 점검해(고후 13:5) 육적인 성향을 일으키는 요인들을 제거해야 합니다. 그래야 기도가 없는 상태에서 벗어나 다시 하나님을 구하는 상태로 들어갈 수 있습니다.

둘째, 묵상하지 않을 때 신자는 기도와 멀어집니다. 성경을 읽지 않고 묵상을 게을리하면, 영혼에 영적인 공급이 중단되고 육적인 성향이 강해져 기도하지 않게 됩니다.

하나님은 여호수아에게 "이 율법책을 네 입에서 떠나지 말게 하며 주야로 그것을 묵상하여 그 안에 기록된 대로 다 지켜 행하라"(수 1:8)고 말씀하셨습니다. 여호수아는 묵상을 통해 하나님을 더욱 의지하고 순종에 대한 열망을 얻었습니다. 묵상 가운데 하나님께서 함께하심을 경험하고 가나안 정복 전쟁을 더욱 담대히 준비했습니다(수 1:9).

묵상은 하나님이 주신 은혜의 수단입니다. 성경을 읽고 묵상하지 않는다면 기도할 수 없습니다. 자연적 성향과 힘으로는 기도할 수 없기 때문입니다. 기도는 반드시 영적인 성향이 부추겨져야 가능합니다. 하나님은 영적 성향의 부흥과 진전을 위해 성경 묵상이라는 은혜의 수단을 정해(appointed) 놓으셨습니다. 우리는 이 수단을 사용해 영적 성향을 더욱 부추겨야 합니다.

셋째, 신앙적 자만심에 빠졌을 때 신자는 기도하지 않습니다. 신앙적 자만심은 자신의 종교적 행위에 만족할 때 생깁니다. 교회의 직무나 의무를 이행하는 것만으로 자신이 신앙적이라고 생각할 때 일어납니다.

신앙적 자만심은 평신도뿐 아니라 목회자에게도 일어납니다. 목회자의 직무와 의무 수행을 크게 생각하고 그것에 만족해 기도하지 않을 수 있습니다. 예를 들어 교인을 심방하고 전도하고 교회에서 봉사했으니 이만하면 신앙적이라 생각하며 기도하지 않는 경우입니다.

그러나 이럴 때 그들은 진정으로 직무를 수행하는 것이 아닙니다. 진정으로 수행한다면 자신의 부족함과 연약함을 더욱 깨달을 수밖에 없습니다. 기도가 없는 상태에서 하는 직무 수행은 영혼을 더욱 메마르게 합니다. 그뿐 아니라 자만심과 교만에 빠지도록 만들기 때문에 더욱 경계해야 합니다. 주님은 이런 상태에 놓인 에베소 교회를 다음과 같이 책망하셨습니다.

"내가 네 행위와 수고와 네 인내를 알고
또 악한 자들을 용납하지 아니한 것과
자칭 사도라 하되 아닌 자들을 시험하여
그의 거짓된 것을 네가 드러낸 것과

또 네가 참고 내 이름을 위하여

견디고 게으르지 아니한 것을 아노라

그러나 너를 책망할 것이 있나니

너의 처음 사랑을 버렸느니라"(계 2:2-4).

그러나 에베소 교회가 은혜의 불을 완전히 꺼트렸던 건 아닙니다. 우리는 무엇이 영을 무감각하게 만들고, 열정을 식게 하는지 점검하고 회개해야 합니다. 성령 갱신의 역사를 경험하고, 다시 기도의 은혜를 사용해야 합니다.

넷째, 하나님에 대한 믿음이 없을 때 신자의 기도에 대한 열정은 식어 갑니다. 어려움과 환란을 만난 신자는 대부분 하나님께 기도를 드립니다. 그러나 그럼에도 불구하고 어려움이 계속되면 쉽게 기도를 포기하고 기도가 없는 상태에 빠집니다.

이렇게 기도를 중단하는 것은 하나님에 대한 믿음이 없기 때문입니다. 하나님에 대한 지식, 하나님의 말씀에 대한 지식이 부족하기 때문입니다. 아브라함은 바랄 수 없는 중에 바라고 믿었습니다. 그가 하나님의 약속에 대해 의심하지 않은 것은 하나님에 대한 지식과 하나님의 전능하심에 대한 확고한 믿음이 있었기 때문입니다(롬 4:19–21).

신자는 하나님을 아는 지식과 성경이 말하는 약속에 대한 지식이 있어야 합니다. 그 약속에 근거해 기도해야 합니다. 그리고 우리 기도의 연약함을 도우시는 성령의 역사를 기억해야 합니다(롬 8:26).

지금까지 말한 어떤 경우라도 기도를 회복하기 위해서는 우선 하나님의 은혜의 수단에서 멀어진 것을 회개하고 은혜의 수단을 사용해야 합니다. 하나님을 아는 지식을 더하고, 말씀 묵상을 회복해야 합니다. 우리 심령 속에 새겨진 영적 성향을 불일 듯 일으켜야 합니다. 육적인 성향을 일으키는 요소들을 제거해야 합니다.

또한 영적으로 메마른 상태에서 종교적 의무를 수행해 영적 자만의 상태에 빠지게 되는 것을 경계해야 합니다. 더욱이 하나님의 은혜를 기억하고, 그 은혜로 인하여 더욱 은혜의 보좌로 나아가야 합니다(시 77:11).

기 도 합 시 다

1. 나의 구원의 증거로 기도하는 모습이 나타나게 하소서.
2. 나의 묵상이 간절한 기도로 나아가게 하소서.
3. 나의 영적 상태에 대해 자만하지 않게 하소서.
4. 기도의 영을 부어 주셔서 온전히 회개케 하소서.

고.백. for PRAYER

하나님의 백성이
하나님의 말씀에 마음을 두지 않고
하나님께 기도할 때,
하나님께서도 그들이 하는 기도에
마음을 두지 않으신다.

_ 윌리엄 거널 William Gurnall

02

성령이 없으면 기도가 어긋난다

+

해가 뜰 때에 하나님이 뜨거운 동풍을 예비하셨고
해는 요나의 머리에 쪼이매 요나가 혼미하여
스스로 죽기를 구하여 이르되
사는 것보다 죽는 것이 내게 나으니이다 하니라
요나 4:8

니느웨로 간 요나는 마지못해 하나님의 말씀을 전했습니다. 그리고 말씀대로 니느웨가 무너지기만을 기다렸습니다. 그러나 니느웨 백성들의 회개를 보신 하나님께서 뜻을 돌이키시자, 요나는 하나님께 분노했습니다(욘 4:1). 니느웨가 어떻게 되는지 보겠다며 다짜고짜 성읍 동쪽에 초막을 짓고 앉은 요나에게 하나님은 뜨거운 동풍을 보내셨습니다. 혼미해진 요나는 죽는 것이 사는 것보다 낫겠다며 차라리 죽기를 하나님께 구합니다(욘 4:8, 9).

신자일지라도 잘못된 기도를 할 수 있습니다. 신자가 드리는 잘못된 기도에는 몇 가지 유형이 있습니다. 첫째는 하나님의 뜻과 반대되는 기도입니다. 요나의 기도는 실로 잘못된 기도였습니다. 요나는 하나님의 마음과 뜻을 전혀 이해하지 못했고, 오직 자기중심적인 생각으로 잘못된 기도를 드렸습니다. 그 결과 그는 자신에게 해가 되는 것을 구했습니다.

이스라엘 장로들이 사무엘에게 왕을 세워 달라고 요구한 것도 하나님의 뜻에 어긋나는 간구입니다(삼상 8:5). 하나님께서 그들의 직접적인 왕이 되시는데, 이웃 나라들처럼 사람을 왕으로 세워 달라고 요구한 것입니다. 하나님은 그 요구가 얼마나 죄악된 것인지 직접 밝히셨습니다(삼상 12:17). 이렇게 우리는 하나님의 뜻과 다른 잘못된 기도를 드리기도 합니다.

잘못된 기도의 두 번째 경우는 마음의 열망 없이 형식적으로 드리는 기도입니다. 요아스 왕의 이야기를 봅시다. 화살을 집어서 땅을 치라는 엘리사의 말에 요아스 왕은 땅을 세 번만 치고 그칩니다. 엘리사는 노하여 "왕이 대여섯 번을 칠 것이니이다 그리하였더면 왕이 아람을 진멸하기까지 쳤으리이다"(왕하 13:19) 하고 말합니다.

엘리사가 화가 난 것은 요아스의 태도에서 하나님의 구원에 대한 열망이 없음이 단적으로 드러났기 때문입니다. 요아스는 단지 치는 시늉만 하며 형식적으로 구했습니다. 이사야 선지자는 이런 태도에 대해 "이 백성이 입으로는 나를 가까이 하며 입술로는 나를 공경하나 그들의 마음은 내게서 멀리 떠났나니"라고 말했습니다(사 29:13). 이렇게 신자는 형식적이며 생명 없는 기도를 할 때가 있습니다.

이방인들은 때때로 목소리를 크게 높여 하는 기도를 중시했습니다(출 9:28, 왕상 18:28). 그러나 간절함 없이 단지 목소리만을 높이는 기도라면 의미가 없습니다. 예수님께서는 분량은 많지만 내용이 없는 이방인들의 기도를 잘못된 기도의 전형으로 언급하면서 그들을 본받지 말라고 하셨습니다(마 6:7).

세 번째 잘못된 기도는 우리의 정욕을 위해서 구하는 것입니다. 세베대의 어머니는 자기 아들들을 예수님의 오른편과 왼편에 앉혀 달라고 부탁했습니다(마 20:21, 22). 이것은 자신의 욕심을 채우려는 기도였습니다. 그는 예수님께서 세우실 나라를 세상적인 것으로 보았습니다. 정욕적인 기도는 세상 욕심이 가득 찬 상태에서 나오는 것입니다.

야고보와 요한은 예수님과 자신들을 반대하는 사람들에게 화가 났습니다. 둘은 자신들이 그들 위에 불을 명하기 원하시는지 예수님께 물었습니다(눅 9:54). 그러나 이들이 구한 것은 그리스도를 위한 것도 아니요, 온전히 자신을 나타내기 위함이었습니다. 즉, 정욕으로 구하는 기도였습니다.

넷째로 부패된 심령 속에서 나오는 기도들이 있습니다. 부패된 심령에서 나오는 기도는 하나님의 뜻을 기다리지 못하고 자신의 처지만 강조하다 결국 원망을 내뱉는 기도입니다.

욥은 고통 가운데 "주께서 돌이켜 내게 잔혹하게 하시고 힘 있는 손으로 나를 대적하시나이다"라고 기도했습니다

(욥 30:21). 예레미야 선지자도 "나의 고통이 계속하며 상처가 중하여 낫지 아니함은 어찌 됨이니이까 주께서는 내게 대하여 물이 말라서 속이는 시내 같으시리이까"라고 기도했습니다(렘 15:18).

여기에는 하나님의 구원을 간절히 구했지만 응답하지 않으심에 대한 불평이 담겨 있습니다. 이런 불평 어린 기도나 원망 섞인 기도는 우리의 부패된 심령에서 나옵니다.

잘못된 기도의 다섯 번째 유형은 영적 무지에서 드리는 어리석은 기도입니다. 누가복음 15장 탕자의 비유에서 어리석은 아들은 아버지의 계획과 뜻을 모른 채 자신의 분깃을 달라고 요구합니다(눅 15:12). 결국 모든 것을 허비하고 돌아와서 탕자는 아버지에게 이제 품꾼의 하나로 자신을 받아 달라고 간구합니다(눅 15:19). 항상 아버지의 뜻을 모르고 구하는 아들의 모습입니다.

이렇게 우리는 영적 무지함 가운데 어리석은 기도를 합니다. 하나님 아버지께서 무한하신 사랑으로 응답하지 않으시면, 우리의 기도는 온통 혼동과 무질서 속에 있을 수밖에 없습니다. 더욱이 우리는 영적 무지함으로부터 하나님의 뜻에 어긋나는 것을 구합니다.

잘못된 기도의 여섯 번째 사례는 영적 자만함 속에서 드리는 기도입니다. 이스라엘 자손은 누가 먼저 베냐민 자손과 싸울 것인지 하나님께 기도했습니다(삿 20:18). 이때 그들은 자신들의 숫자를 믿고, 영적 교만과 자만심으로 하나님께 물었습니다. 이미 결정을 내린 상태에서 자신들의 뜻을 하나님께서 승인해 주시길 기도한 것입니다.

결국 전쟁에서 두 번의 실패를 맛본 이스라엘 자손들은 여호와 앞에서 금식하고 번제와 화목제를 드린 후에야 승리를 얻습니다. 하나님 앞에서 겸손하지 못하고 자신의 뜻을 관철시키려는 기도는 잘못된 기도입니다.

일곱 번째는 자신이 구하는 내용에 너무 몰입해서 주의 뜻에 합당한 기도를 드리지 못하는 경우입니다. 주기도문은 이런 기도를 경계하고 있습니다. 주께서 가르쳐 주신 기도를 보면 오직 하나님의 영광만이 최우선입니다. 이 땅에서 필요한 일시적인 것들은 그 다음입니다. 우리는 스스로의 이익에 대해 관심이 너무 많아서 하나님의 영광을 구하지 못합니다. 영적인 것보다는 이 세상의 일시적인 것들에 대해 더욱 열정을 가지고 있습니다. 이러한 기도는 잘못된 기도입니다.

여덟 번째 경우는 하나님의 주권보다 환경에 매여 드리는 기도입니다. 이런 기도는 전능하신 하나님을 제한합니다. 우리는 하나님의 주권에 대한 생각이 짧아 은혜를 구하지 못합니다. 이스라엘 백성은 광야에서 고기를 달라며 하나님께 원망하고 불평했습니다. 하나님은 모세에게 "여호와의 손이 짧으냐 네가 이제 내 말이 네게 응하는 여부를 보리라"(민 11:23)고 말씀하셨습니다. 여호와의 능력과 선하심을 불신하고 하나님을 원망하는 것에 대한 책망의 말씀입니다. 이렇듯 우리는 하나님의 선하심과 전능하심이 아닌 우리가 처한 환경만을 바라봄으로 결국 하나님의 능력을 제한하는 잘못된 기도를 드립니다.

아홉 번째 잘못된 기도는 성급한 마음으로 드리는 기도입니다. 즉, 말씀 묵상이 결여된 채 급한 마음으로 드리는 기도입니다. 모세가 회막에 들어가 여호와께 고할 때 그는 두 그룹 사이에서 말씀하시는 여호와의 목소리를 들었습니다. 여호와께 고하는 것에 앞서 여호와의 말씀을 들어야 했기 때문입니다(민 7:89).

전도서 5장 2절도 "너는 하나님 앞에서 함부로 입을 열지 말며 급한 마음으로 말을 내지 말라 하나님은 하늘에 계시고 너는 땅에 있음이니라"고 말씀합니다. 이는 급한 마음으로 기도하면 잘못된 기도에 빠지기 쉽다는 의미입니다. 더욱이 우리의 본성은 성급합니다. 우리에게는 인내가 필요합니다. 인내를 통해 갖는 진정한 소망을 경험하시기 바랍니다(롬 15:13).

이렇듯 우리는 수많은 잘못된 기도를 드립니다. 하나님의 뜻과 반대되는 것을 구하고, 육신의 만족과 정욕을 위해 구합니다. 원망과 불평의 기도를 드리고, 자신의 뜻을 관철시키려는 교만한 기도를 합니다. 이러한 잘못된 기도들은 우리의 연약함과 부패성으로부터 나옵니다.

올바른 기도를 드리려면 하나님의 말씀에 대한 지식이 있어야 합니다. 더욱이 우리의 기도를 온전하게 하시는 성령의 도우심을 절대적으로 구해야 합니다. 왜냐하면 성령은 진리의 영이시기 때문입니다(요일 5:6; 요 16:13; 요 14:6). 성령은 우리를 진리로 인도하실 뿐 아니라 진리로 들어가게 하십니다. 성령은 우리가 기도할 때 헛된 말을 막으시고, 쓸데없는 말을 반복하지 않게 하시며, 진리 속에서 기도하도록 도우십니다(시 39:1).

성령은 또한 빛의 영이십니다. 빛의 영이신 성령은 우리를 각성시키고, 우리의 필요와 위험과 의무를 알게 하십니다. 그러므로 우리의 연약함과 부패성을 극복하고 올바른 기도를 드리도록 하는 것은 오직 성령의 도우심뿐입니다.

기 도 합 시 다

1. 나의 잘못된 기도들의 원인을 점검하게 하소서.
2. 형식적인 기도에서 벗어나게 하소서.
3. 영적 무지에서 깨어나게 하소서.
4. 이기적이며 정욕적인 기도에서 벗어나게 하소서.

고.백. for PRAYER

위선자들은 자신이 기도 중이라고 말합니다.
하지만 그들에게 기도할 마음은 없습니다.
그들은 다만 사람들에게 보이려는 것입니다.

_ 조셉 카일 Joseph Caryl

03

위선자의 기도엔 열매가 없다

+

또 너희는 기도할 때에
외식하는 자와 같이 하지 말라
그들은 사람에게 보이려고
회당과 큰 거리 어귀에 서서
기도하기를 좋아하느니라
내가 진실로 너희에게 이르노니
그들은 자기 상을 이미 받았느니라
마태복음 6:5

교회를 다니는 교인도 진정한 구원 백성이 아닐 수 있습니다. 종교 개혁 당시 종교 개혁자들의 고민은 교회 안에 하나님의 참된 백성은 소수에 불과하고, 구원의 은혜가 없는 자들이 다수를 차지한다는 문제였습니다. 따라서 종교 개혁자들은 진정한 구원 백성과 거짓 은혜의 모습을 한 위선자의 구별을 강조했습니다.

예를 들어 칼빈은 이신칭의 교리와 관련해 교인을 넷으로 분류했습니다. 첫째 부류는 하나님을 전혀 모르고 우상숭배에 빠진 자들입니다. 이들의 심령은 부패했으며 선한 것을 전혀 찾을 수 없습니다.

둘째 부류는 교회에 출석하고 성례에도 참석하지만 불결한 생활을 계속하는 자들입니다. 하나님과 그리스도에 대한 신앙고백은 있지만, 행동과 생활로는 하나님을 부정하는 자들입니다. 즉 명목적인 그리스도인(Nominal Christian)입니다.

셋째 부류는 사악한 마음을 가지고 자신의 이익에만 관심을 둔 자로서, 종교적으로 외식하는 자들입니다. 우리는 이들을 위선자라 부릅니다.

마지막으로 넷째 부류는 하나님의 영으로 중생하여 진정한 성화에 관심을 가지고 살아가는 자들입니다.[1]

칼빈은 네 부류 가운데, 교회에 가장 영적인 해를 끼치고 그리스도의 이름에 먹칠하는 자들로 위선자 부류를 언급

---

1) John Calvin, Institutes, 3.14.1.

했습니다. 위선자들은 외적으로는 은혜로운 자처럼 보이지만, 내면에 구원의 은혜가 없습니다. 위선자들은 철저히 종교적인 행위로 자신을 위장하는데, 특히 기도하는 모습을 많이 보입니다. 기도는 그 사람이 신앙적임을 보여 주는 좋은 외식의 도구가 될 수 있기 때문입니다.

위선자들은 기도를 통해 위선을 더욱 증가시킵니다. 하루 종일 기도하기도 하고, 공적인 예배에서 기도의 의무를 다합니다. 자신의 기도를 사람들이 긍정적으로 평가해 주길 바라고, 사람들에게 칭송 듣기 원합니다. 이들은 사람들의 주목을 받을 수 있는 곳에서 기도합니다(마 6:5). 그러나 이런 기도는 잘못된 것이며, 기도 자체가 죄를 증가시키는 행위가 됩니다(시 109:7).

하나님은 이러한 기도를 듣지 않으시며 미워하십니다. 이사야 선지자는 위선자들의 기도에 대해 이렇게 고발했습니다.

"너희가 손을 펼 때에 내가 내 눈을 너희에게서 가리고 너희가 많이 기도할지라도 내가 듣지 아니하리니 이는 너희의 손에 피가 가득함이라"(사 1:15).

위선자이면서 기도의 은사가 있는 경우는 더욱 심각합니다. 이들의 기도하는 모습은 진실한 신자의 모습처럼 보이기도 합니다.

기도의 은사를 받은 자의 기도는 다른 신자들의 기도와 구별됩니다. 기도의 은사는 회중을 유익하게 하려는 목적으로 주어집니다. 이 은사를 받은 이의 기도를 통해, 함께 기도하는 회중은 하나님의 뜻을 깨닫고 위로를 받습니다. 그러나 위선자인 자신은 정작 중생하지 않았으며, 이 은사를 통해 자신에게 어떤 유익도 주지 못합니다(고전 13:1-3).

가롯 유다가 그런 경우입니다. 그는 예수님의 열두 사도 가운데 한 사람으로서, 주님께 은사를 받았습니다(마 10:1). 그는 그 은사를 사용해 다른 사람에게 유익을 주었지만, 자기 자신에게는 어떤 유익도 주지 못했습니다(행 1:25).

만약 자신에게 기도의 은사가 있어서 기도를 잘한다는 칭찬을 듣고 그것 때문에 자만한다면, 영적으로 매우 위험한 상태임을 깨달아야 합니다. 기도의 은사를 받았다고 교만해지지 않아야 합니다. 또 자기를 추구하지 않아야 합니다. 기도의 은사가 있으니 자신은 언제든지 기도를 잘할 수 있다고 생각해서는 안 됩니다. 누구보다 겸손하게 성령의 도우심을 구해야 합니다. 우리는 성령의 도우심이 없이 올바른 기도를 드릴 수 없습니다(요 4:24).

한국교회에는 성령의 은사는 있지만 성령의 열매가 보이지 않는 경우가 많습니다. 기도를 많이 하고, 기도의 은사로 많은 사람에게 감동을 주지만 도덕적 결함과 스캔들로 문제를 일으키는 사람을 많이 봅니다. 특히 유명한 목회자가 이런 부정을 저지르는 건 한국교회에선 그리 이상한 일도 아닙니다. 왜 이런 현상이 일어날까요? 이런 현상을 어떻게 해석해야 할까요?

그 이유는 위선자도 목회를 할 수 있는 한국교회의 현실 때문입니다. 진정한 회개와 믿음의 증거가 없고 회심과 중생에 따른 삶의 변화가 없다면, 그는 아직 구원의 은혜가 없는 사람입니다. 그럼에도 그가 교회의 지도자라면 그는 위선자일 가능성이 매우 큽니다. 한국교회는 위선자에 대한 분별력이 없습니다. 이러한 거짓 지도자들을 생각하면 한국교회의 개혁은 현실적으로 불가능해 보입니다.

목회자는 물론이거니와 평신도들도 위선자에 대한 분별력을 가져야 합니다. 거짓 목회자와 거짓 교회 지도자들이 발붙일 곳 없도록 만들어야 합니다. 기도와 설교를 잘하지만 실제적으로 자신에게 적용하지 않는 자들은 위선자에 불과함을 알아야 합니다.

물론 참된 신자일지라도 외식할 수 있습니다. 유혹에 빠져 잘못된 기도를 드릴 수 있습니다. 자기도 모르게 위선자의 기도 모습과 행태가 나타난다면 회개해야 합니다. 자만심에 빠져 진리의 길에서 벗어났음을 깨달아야 합니다. 위선자의 기도가 자기 자신에게 나타나지 않도록 경계하시기 바랍니다.

한편으로 참된 신자들은 위선자의 외식적인 기도를 통해 누가 위선자인지 분별하기도 합니다. 그런 면에서 위선자들의 잘못된 기도는 참된 신자에게 도움을 준다고 볼 수도 있습니다. 위선자들은 종교적 외식으로 참된 신자들을 속이려고 합니다. 그들은 종교적 외식을 통해 자신들의 이익을 구합니다.

실제로 있던 사건입니다. 새벽기도회에 열심히 참석하는 사람이 있었는데, 많은 교인들은 그를 신앙적인 사람으로 보았습니다. 그러나 그는 교인들을 속이고 부정한 이득을 취한 후 결국 교회를 떠났습니다. 그는 사람들을 속이기 위해 열심히 기도하는 모습을 보인 것입니다. 참된 신자들은 이러한 위선자들을 잘 분별해서 그들에게 속지 않아야 합니다. 또한 우리가 위선자는 아닌지 철저히 자기 점검을 해야 합니다.

기 도 합 시 다

1. 기도 가운데 나의 영적 상태를 깨닫게 하소서.
2. 외식하는 기도에서 벗어나게 하소서.
3. 나의 기도에서 진정한 변화를 경험하게 하소서.
4. 기도 가운데 진정한 회개와 믿음이 증거 되게 하소서.

고.백. for PRAYER

우리를 위한 성령의 간구는
우리에게 기도의 내용을 가르치시고,
우리의 영적 게으름을 깨우치시고,
우리로 기도에 몰입하게 하시는 것이다.

_ 토마스 보스톤 Thomas Boston

04

진짜 기도는 시작이 다르다

+

마음을 살피시는 이가 성령의 생각을 아시나니
이는 성령이 하나님의 뜻대로 성도를 위하여 간구하심이니라…
누가 정죄하리요 죽으실 뿐 아니라
다시 살아나신 이는 그리스도 예수시니
그는 하나님 우편에 계신 자요
우리를 위하여 간구하시는 자시니라
로마서 8:27, 34

삼위 하나님의 위격 가운데 그리스도와 성령님이 우리를 위해 간구하십니다. 기도는 우리가 시작하는 것이 아닙니다. 로마서 8장 34절에 의하면 그리스도께서 우리를 위해 간구하십니다. 로마서 8장 26, 27절에서는 성령께서 우리를 위해 간구하십니다. 그렇다면 그리스도의 간구와 성령의 간구에는 어떤 차이가 있을까요?

그리스도께서는 우리를 위해 자신을 바치셨습니다. 마치 제사장이 하나님께 제물을 바치듯 자신을 드리셨습니다. 이런 그리스도의 간구는 하나님과 우리 사이를 중보합니다(딤전 2:5). 우리는 스스로 하나님 앞에 나아갈 수 없습니다. 더욱이 우리는 날마다 죄를 짓기 때문에 그리스도의 중보 없이는 하나님 앞에 나아갈 수 없습니다. 또한 마귀가 신자를 유혹하고, 신자들의 죄에 대해서 참소하기 때문에 더욱 그리스도의 중보가 필요합니다.

그리스도께서 우리를 위한 중보를 시작하시는 이유는 우리의 구원을 지키시기 위함입니다. 그리스도는 하늘 아버지 보좌 우편에서(롬 8:34) 신자가 죄를 지었을 때 죄의 용서를 위해 간구하시며, 마귀의 참소에 대해 하나님께 변호하십니다(요일 2:1; 계 12:10). 또한 신자에게 필요한 은혜와 은사를 위해 하늘 아버지께 간구하십니다(요 17장).

예수 그리스도의 간구 덕분에 신자는 하나님께 담대히 나아갈 수 있습니다. 또 그의 중보가 있어 신자들의 기도가 하나님께 상달됩니다(계 8:4). 우리는 하나님께 나아갈 때 그리스도의 은덕과 의를 의지해야 합니다. 오직 그리스도만이 중보자 되셔서 우리를 위해 간구하시기 때문입니다.

성령의 간구는 우리가 하나님께 바른 방법으로 나아가고, 또 우리가 기도할 수 있도록 도움을 주시는 것입니다. 성령의 간구는 그리스도께서 하신 간구의 열매입니다. 그리스도는 자신의 사역을 통해 보혜사를 그 백성에게 주셨습니다. 또 그들의 마음에 성령이 임하시도록 그리스도께서 중보하십니다. 그래서 신자는 성령의 도우심을 입어 기도할 수 있습니다(요 14:16, 16:7, 13).

성령은 우리 마음에 임하여 간구하십니다(갈 4:6). 그래서 성령을 간구의 영이라 부릅니다(슥 12:10). 성령의 간구로 신자는 하나님께 간절히 기도하게 됩니다. 로마서 8장 15절, 갈라디아서 4장 6절과 같이 성령은 우리가 하나님을 아바 아버지라 부르짖게 하십니다. 성령은 우리가 반드시 기도해야 할 것을 기도하도록 마음에 감동을 주십니다.

즉 성령은 우리가 간구하도록 하시고, 그리스도는 우리의 간구가 하나님께 상달되도록 하십니다. 그래서 성령의 간구와 그리스도의 간구는 우리에게 모두 필요합니다. 그 중 성령의 간구는 우리를 기도하게 만드는 직접적인 도움입니다. 성령은 구원과 관련된 주요하고 필수적인 것을 가르쳐 주십니다. 그리고 무엇을 기도해야 할지, 어떤 표현으로 기도해야 할지 가르쳐 주십니다. 성령의 간구로 우리는 하나님께 합당한 기도를 드릴 수 있습니다(엡 6:18; 유 20).

성령의 간구가 더욱 필요한 이유는 성령께서 죄와 영적 침체에 빠진 영혼을 뒤흔들어 기도하게 만드시기 때문입니다. 성령은 우리의 영혼을 깨우치시는 분입니다(시 80:18).

때로는 신자도 죄에 빠집니다. 이때 성령은 우리를 회개하게 하시고, 갱신시키십니다. 다윗은 회개 기도를 하며 자기 죄를 인정하고 용서를 구했을 뿐 아니라, 자기 속에 정한 마음을 창조하시고 정직한 영을 새롭게 해달라고 기도드렸습니다(시 51:10). 즉 죄에 빠진 자신의 영혼을 성령께서 회개시키시고 갱신시키시기를 구한 것입니다.

마찬가지로 신자가 영적으로 무뎌졌거나 영적 침체에 빠졌을 때, 성령께서는 그를 다시 생동감 있게 만드십니다. 성령을 불로 비유하는 이유가 있습니다. 성령은 우리에게 빛과 열을 주시기 때문입니다. 성령은 영적으로 죽은 우리를 살리시고, 기도하도록 영혼을 뒤흔드십니다. 그래서 성경은 성령의 역사를 바람으로 묘사했습니다(요 3:8).

성령의 간구는 신자의 심령을 더욱 간절하게 만듭니다. 이때 신자는 말로 표현 못 할 기도까지도 그 영혼으로 간절히 하나님께 호소하게 됩니다. 한나의 기도는 그 음성은 알아들을 수 없었지만, 영혼에 호소하는 간절함이 있었습니다. 엘리 제사장은 그가 취한 줄로 알았지만, 한나는 "마음이 슬픈 여자라 포도주나 독주를 마신 것이 아니요 여호와 앞에 내 심정을 통한 것뿐"이었습니다(삼상 1:15). 한나의 기도는 성령께서 도우시는 기도였던 것입니다.

이렇게 성령의 간구는 신자의 기도를 돕습니다. 따라서 기도할 때는 먼저 그리스도의 은덕과 의를 의지하고, 실제로 도우시는 성령의 간구가 일어나기를 구하여야 합니다.

기 도 합 시 다

1. 나의 기도 속에서 그리스도의 간구를 인식하게 하소서.
2. 나의 기도 속에서 성령의 간구를 경험하게 하소서.
3. 나의 기도 속에서 성령께서 각성하게 하는 역사를 경험하게 하소서.
4. 나의 기도 속에서 간절함이 더하게 하소서.

고.백. for PRAYER

뜨거운 기도를 드렸다.
하나님을 믿고 의탁하려는 마음이 더욱 일어났다.
어느 때보다 나의 영혼은 하나님께 기울어졌다.
쓸데없는 생각이나 세상적인 생각들이 틈타지 못하도록
더욱 열심히 기도했다.
성령의 돌보심이 떠나지 않도록 마음을 쓰고 주의를 기울였다.
그리스도와 동행하고 싶은 갈망이
근래 보기 힘들 만큼 강력하게 일어났다.

_ 데이비드 브레이너드의 일기에서

05

혼자 기도를 시작할 수 없다

+

이와 같이 성령도 우리의 연약함을 도우시나니
우리는 마땅히 기도할 바를 알지 못하나
오직 성령이 말할 수 없는 탄식으로
우리를 위하여 친히 간구하시느니라
로마서 8:26

거듭난 후에도 신자는 연약한 존재입니다. 아직 남아 있는 죄성 혹은 부패성 때문에, 또는 신자를 무너뜨리려 기회를 보고 공격하는 마귀 때문에 그렇습니다. 그리고 신자는 환란과 시험을 당할 때 연약해집니다. 이러한 연약함을 극복하기 위해서는 성령의 도우심이 반드시 필요합니다. 그래서 신자는 성령의 도우심을 얻기 위해 기도해야 합니다. 성령께서는 이러한 기도 속에서 신자를 도우십니다.

성령의 도우심이 필요한 이유를 자세히 살펴보겠습니다. 첫째로 우리는 아직 육신의 몸을 입고 있기 때문에 영적인 각성이 일어나고 회심했다 할지라도 영혼은 여전히 연약함 가운데 있습니다. 육신의 몸을 입었다는 것은 우리가 매일 양식을 먹고, 물을 마시고, 잠을 자야 생명을 유지하는 물리적인 존재라는 뜻입니다(마 26:41). 거듭난 후에도 우리에게는 육신의 성향이 아직 우세합니다. 그래서 영적인 것을 추구하기보다 죄 된 삶이 자연스럽습니다. 여전한 죄성으로 인해 신자는 괴로워합니다(롬 7:24). 바울은 다음과 같이 기도했습니다.

"그러므로 내가 한 법을 깨달았노니 곧 선을 행하기 원하는 나에게 악이 함께 있는 것이로다 내 속사람으로는 하나님의 법을 즐거워하되 내 지체 속에서 한 다른 법이 내 마음의 법과 싸워 내 지체 속에 있는 죄의 법으로 나를 사로잡는 것을 보는도다 오호라 나는 곤고한 사람이로다 이 사망의 몸에서 누가 나를 건져내랴"(롬 7:21-24).

하나님께 순종해야 함을 알면서도 육신의 즐거움에 더욱 마음이 끌리는 우리는 자주 갈등합니다. 우리가 거룩함을 추구한다 해도 완전할 수 없습니다. 육신의 부패성이 여전히 한쪽에 자리 잡고 있기 때문입니다. 따라서 성경은 성령으로 우리의 육신을 억눌러야 한다고 말씀합니다(롬 8:13).

진정한 신자는 자신의 연약함을 인정하고 은혜를 구할 수밖에 없습니다. 영적인 삶을 영위하려면 죄와 싸워야 하고 육신에 남은 죄성과 부패성을 억제해야 하는데, 그것은 자신의 능력과 힘으로 되지 않기 때문입니다. 그것은 성령의 역사가 있어야 합니다(롬 8:13). 불가불 성령의 도우심이 필요합니다. 신자는 기도 가운데 성령의 역사로 인한 유익들을 얻어야 합니다.

성령께서는 신자 안에 있는 죄와 부패성을 깨닫게 하시고, 그것을 죽이기 원하십니다(롬 8:5-9). 로마서 8장 13절은 하나님의 부르심을 받고 성령의 역사로 의롭다 함을 입었다 말하면서도, 자신의 죄성 혹은 부패성을 죽이는 모습이 나오지 않는다면 그것은 잘못된 확신이라고 말합니다.

성령으로 우리의 죄성과 부패성을 죽이는 일은 마치 이

스라엘 백성이 가나안 거민들을 모두 몰아내야 했던 것과 같습니다. 부패성은 억누르지 않으면 곧 살아나서 신자가 죄 가운데 빠지도록 만듭니다. 또 죄성과 부패성을 억제하지 않으면, 각 개인의 자연적 성품과 부패한 죄성이 엉겨 그만의 독특한 기질을 형성하고 그를 특정한 죄에 노출시킵니다(히 12:1). 어떤 사람은 세상적이고, 어떤 사람은 정욕적이며, 어떤 사람은 헛된 것을 추구하는 이유가 여기에 있습니다. 이렇게 각 사람은 자기 자신만의 죄성과 부패성을 가집니다. 신자도 마찬가지입니다. 자신의 육신과 부패성을 죽여야 합니다. 그런데 인간의 자연적 성품이나 능력으로는 육신의 죄성과 부패성을 죽일 수 없습니다. 오직 성령을 통해서만 가능합니다. 따라서 자신의 죄성과 부패성을 억제하기 위해 성령의 도우심을 기도로 구하여야 합니다. 데이비드 브레이너드는 다음과 같이 기도했습니다.

나의 내면에 선한 요소가 있기를 바라지만 하나님의 주권과 말씀 앞에 서면 내 마음이 부패되어 있음에 슬퍼지며, 또한 화가 난다.… 나는 깊이 겸손해지고 주님의 주권에 복종하고 싶었다. 그래서 나는 하나님께서 기뻐하시는 성품을 주십사고 간구했다.

둘째로 신자는 거듭났다 할지라도 아직 세상에 살고 있습니다. 그래서 세상의 유혹으로부터 완전히 자유롭지 못합니다. 신자는 종종 '세상의 가치 기준'이라는 유혹을 받습니다. '명예와 부'라는 유혹도 받습니다. 신자는 세상에 사는 동안 이러한 유혹을 계속 받습니다.

한편으로는 세상 사람들이 잘되는 것으로 인해 시험에 들기도 합니다(시 73:12). 사도 요한은 "이 세상이나 세상에 있는 것들을 사랑하지 말라 누구든지 세상을 사랑하면 아버지의 사랑이 그 안에 있지 아니하니"라고 말했습니다(요일 2:15). 사도 요한에 앞서 예수님께서도 이미 이것에 대해 "너희는 세상에 속한 자가 아니요 도리어 내가 너희를 세상에서 택하였기 때문에 세상이 너희를 미워하느니라"고 말씀하셨습니다(요 15:19).

우리가 세상에 살지만 세상에 속한 자는 아니라는 예수님의 말씀은 우리에게 세상 사람들처럼 살지 말라고 하신 말씀입니다. 세상의 영향보다는 성령의 영향을 더욱 강하게 받아야 합니다. 그래야 세상을 싫어하고 세상 원리의 악함을 보고 피할 수 있습니다. 성령께서는 기도하는 가운데 우리가 세상의 허무함을 보게 하시고, 세상의 악함을 깨닫게 하시고, 이를 통해 세상을 극복하게 하십니다.

셋째로 신자에게는 마귀라는 원수가 있습니다. 마귀는 신자들을 삼키기 위해 우는 사자와 같이 두루 다니며 기회를 엿봅니다(벧전 5:8). 마귀는 신자가 죄에 빠지도록 유혹하고, 그들의 생각에서 하나님을 없애기 위해 지금도 노력하고 있습니다. 마귀는 신자들로 구원에 대한 관심을 잃어버리게 하고, 게으름과 영적 무관심에 빠지게 합니다(살전 5:6). 예수님을 시험할 때도 그랬듯이 세상의 영광을 아름답게 포장해 신자가 이를 추구하도록 만듭니다. 신자를 교만하게 만들어 하나님의 말씀에 불순종하도록 부추깁니다.

마귀의 유혹은 강력하고 잔인합니다. 배고픈 사자가 먹잇감에 달려들어 생명을 완전히 끊어 놓고 취하는 것과 같습니다. 이때 사자는 단지 상처만 입히는 게 아니라 먹잇감을 갈기갈기 찢어서 토막을 냅니다. 마귀의 유혹하는 모습을 괜히 '우는 사자와 같다'고 표현한 게 아닙니다.

마귀의 시도와 공격에 대해 경계하고 주의를 살펴야 합니다. 예수님께서 베드로에게 시험에 들지 않도록 기도하라(눅 22:40)고 말씀하신 이유도 여기에 있습니다. 우리가 기도 가운데 성령의 도우심으로 마귀의 시험과 유혹을 깨달아서 그것을 극복하게 하시는 것입니다.

넷째로 환란과 시험이 왔을 때 신자의 연약함은 가중됩니다. 환란과 시험 자체는 죄가 아닙니다. 그러나 그것들이 압박감을 줄 때 신자가 죄를 지을 가능성이 더욱 커집니다.

히브리서를 보면, 그리스도 예수를 믿는다는 이유로 목숨을 포함한 모든 것을 잃을 상황에 처한 교인들이 나옵니다. 어떤 교인은 환란 때문에 하나님을 믿지 않으려는 악한 마음을 품기도 했습니다. 그들은 예수 그리스도를 버리라는 유혹을 받고 심령이 더욱 강퍅해졌습니다(히 3:12, 13). 환란과 시험을 통해 죄를 지을 가능성이 더욱 커진 것입니다.

초대 교회의 그리스도인들은 이러한 상황을 많이 만났습니다. 그래서 바나바는 예수 그리스도를 믿는 자들을 향해 굳건한 마음으로 주를 믿으라 권면했고(행 11:19-23), 바울과 바나바는 제자들의 마음을 굳게 하여 믿음에 머무르라 권면했습니다(행 14:22). 히브리서 기자는 처음 시작할 때 확신한 것을 끝까지 견고히 잡으라고 말합니다(히 3:14).

이러한 상황을 극복하는 방법은 하나입니다. 신자의 기도를 통해 환란과 시험에 대한 하나님의 목적을 깨닫게 하시는 성령의 도우심으로 말미암아 그 심령이 더욱 담대해지는 것입니다. 풍랑을 만난 바울은 구원의 소망이 완전히 사라졌을 때, 하나님께서 그에게 하신 말씀을 기억하며 담대했습니다(행 27:20-25). 이러한 바울의 체험은 우리도 기도 가운데 성령의 역사로 체험할 수 있습니다.

결론입니다. 이 땅에서 신자는 하나님 앞에서 완전하고 싶어도(신 18:13) 결코 완전할 수 없습니다. 이미 언급한 대로 우리는 연약하기 때문입니다. 더욱이 우리는 영적으로 새롭게 태어나 성장하는 중입니다. 우리의 영적 판단력이나 이해력이 성숙하지 못한 데서 오는 연약함이 있습니다. 영적인 상태가 어린아이면 깨달음 역시 어린아이와 같습니다(고전 13:11).

믿음이 연약해 담대하지 못하고 두려움에 쉽게 빠질 수

도 있습니다(사 35:4). 원수들이 달려들 때 우리는 소심해져서 자신의 신앙고백을 숨기기도 합니다(마 26:69-74). 또 의무를 수행하기를 쉽게 포기하고 저버리는 경우도 있습니다(고후 2:16). 따라서 신자는 시험과 유혹에 대해서 스스로 자신을 가질 수 없습니다.

오직 이러한 상황을 능히 극복할 수 있는 은혜가 절대적으로 필요합니다. 사도 바울은 같은 종류의 고난을 반복적으로 경험했습니다. 반복되는 고난이 부끄러울 수도 있었지만, 그는 부끄러워하지 않았습니다. 그는 디모데에게도 부끄러워하지 말라고 전하면서 성령의 도우심을 구하라고 말합니다(딤후 1:12-14). 이렇듯 우리의 연약함을 극복하는 길은 성령의 도우심을 구하는 것입니다. 기도 가운데서만 우리는 성령의 도우심을 경험할 수 있습니다.

기 도 합 시 다

1. 기도 가운데 성령으로 죄를 죽이는 역사가 있도록.
2. 기도 가운데 세상의 헛됨과 무가치함을 깨닫도록.
3. 기도 가운데 마귀의 계략에 대해서 깨닫도록.
4. 기도 가운데 환란과 시험의 목적을 깨닫도록.

고.백. for PRAYER

주님, 나의 연약함을 도와주소서.
슬픔이 나를 짓누르고
무엇을 해야 할지 심히 당황스럽습니다.
세상의 염려로 온통 혼란스러운 마음뿐입니다.
나를 도우셔서
나의 연약함을 극복하게 하소서.
하늘의 은혜를 크게 보게 하소서.
성령의 능력을 주셔서 하나님의 자녀답게
담대하게 하소서.

_ 청교도 기도 모음집에서

06

연약함이 오히려 유익이 되다

+

이것이 내게서
떠나가게 하기 위하여
내가 세 번 주께 간구하였더니
고린도후서 12:8

전지전능하신 하나님은 우리의 영혼과 몸을 완전하게 구원하실 수 있습니다. 그런데 왜 신자를 연약하도록 내버려 두실까요? 이는 결코 하나님의 능력이 부족해서가 아닙니다. 신자들이 연약함을 겪는 데는 하나님의 목적이 있습니다. 신자로 하여금 하나님께 은혜를 구하고 더욱 구체적으로 기도하게 하시려는 목적입니다.

교회의 머리 되신 그리스도께서는 그의 영광으로 들어가시기 전에 고통을 당하셨습니다(히 2:10). 이것은 우리의 구원을 위해 필요한 고통이었습니다(마 8:17, 눅 24:26). 마찬가지로 신자들은 머리 되신 그리스도의 형상을 닮기 위해 고난이 필요합니다(롬 8:29). 사도 바울은 우리도 역시 그리스도를 위해 고난이 필요하다고 말합니다.

"그리스도를 위하여 너희에게 은혜를 주신 것은 다만 그를 믿을 뿐 아니라 또한 그를 위하여 고난도 받게 하려 하심이라"(빌 1:29).

고난에 처한 신자는 자신의 연약함을 드러내게 되지만, 한편으로는 그리스도를 향한 믿음 역시 드러내게 됩니다. 그래서 바나바와 바울은 제자들을 권면할 때 "우리가 하나님의 나라에 들어가려면 많은 환난을 겪어야 할 것이라"고 말했습니다(행 14:22). 신자는 연약함 속에서 기도를 드리게 되고, 기도 가운데 그리스도가 함께하심을 확신하게 됩니다. 그래서 신자는 연약함을 견딜 수 있습니다. 이 역시 성령께서 기도 가운데 우리를 도우심으로 가능합니다.

신자는 연약하여 하나님의 계명에 따라 온전히 순종하며

살지 못합니다. 바울도 자신이 하나님의 계명을 온전히 지키지 못한다고 크게 탄식했습니다(롬 7:24). 연약함은 신자들이 교만하지 않도록 하는 하나님의 방법입니다.

신자가 연약하여 기도할 때 성령께서는 하나님의 말씀을 신자의 심령에 강렬하게 새겨 넣습니다. 마치 비석에 글을 새기듯 강력한 영향을 주십니다. 그래서 신자는 자신의 연약함 때문에 기도를 드렸는데, 기도하면서 성향이 변하는 것을 체험하고, 하나님의 말씀에 부합되는 삶을 사는 자신을 발견합니다.

신자는 연약함을 인정하고 자신은 아무것도 아님을 깨달아야 합니다. 자신에게 있는 선한 것은 모두 나의 것이 아니라 하나님의 은혜로부터 왔음을 알고 감사해야 합니다. 그리고 하나님께 모든 영광을 돌려야 합니다. 피조물은 결코 영광을 취할 수 없습니다(사 23:9).

왕으로 부름 받은 사울은 하나님께 은사를 받고 그것을 통해 전쟁을 수행했습니다. 그래서 백성들은 그를 왕으로 세웠습니다(삼상 11:15). 그러나 그는 하나님의 말씀을 계속해서 순종하지 않았습니다. 심지어는 자기를 위한 기념비까지 세웠습니다(삼상 15:12). 하나님께 받은 왕의 직무와 은사를 모두 자기 능력으로 행한 것인 양 착각했습니다.

하나님은 계속해서 말씀을 어기는 사울을 버리실 수밖에 없었습니다(삼상 15:23). 자신의 연약함을 깨닫지 못한 사울은 하나님의 은혜를 구하지 않았고 결국 비참한 결과를 맞이합니다. 이렇듯 문제는 신자가 자신의 연약함을 깨닫지 못하는 데 있습니다. 사울은 자신이 무엇이라도 된 양 착각해 하나님의 말씀을 어기면서도 그 심각성을 몰랐습니다.

성경에는 하나님께서 은혜를 약속하시면서 그 내용을 다시 인간에게 명령하시는 구절들이 있습니다. 신명기 10장 16절에서 하나님은 이스라엘 백성에게 마음에 할례를 행하라고 명령하십니다. 그러나 신명기 30장 6절에서는 하나님께서 마음에 할례를 베푸시겠다고 약속하십니다. 이러한 구조는 빌립보서에도 나타납니다. 빌립보서 1장 6절은 "너희 안에서 착한 일을 시작하신 이가 그리스도 예수의 날까지 이루실 줄을 우리는 확신하노라"고 말씀하지만, 빌립보서 2장 12절은 "두렵고 떨림으로 너희 구원을 이루라"고 말씀합니다.

하나님의 은혜를 아는 신자는 하나님의 명령을 지키기 위해 반드시 최선을 다합니다. 그가 받은 은혜가 진짜라면 결코 게으르거나 하나님의 명령을 회피하지 않습니다. 그런데 최선을 다할수록 신자는 자신의 연약함으로 인해 명령을 지킬 수 없음을 깨닫습니다. 그래서 하나님의 은혜를 더욱 절실히 필요로 하게 됩니다. 이것이 구원의 은혜를 받은 자에게 하나님께서 명령을 더하시는 이유입니다.

그래서 성경은 자신의 연약함을 인정할 수밖에 없는 명령들을 신자에게 요구합니다. 성경에서 말하는 명령들을 수행하려면 자신의 연약함을 극복하기 위해 마땅히 기도할 수밖에 없습니다. 신자는 기도를 통해 성령께서 주시는 은혜로 말미암아 명령들을 수행할 수 있습니다.

더욱이 믿음과 소망을 가지며 인내하고 경계하라는 하나님의 명령은 지금 우리는 완전하지 않다고 하시는 말씀입니다. 하나님의 명령을 수행하면서 자신의 연약함을 몰라 은혜를 구하지 않는다면 그는 교만한 자라 할 수밖에 없습니다. 그는 결국 자신이 행한 외적인 종교 활동에 근거해서 스스로 의로움에 빠지고 말 것입니다.

예수님께서 이 땅에 오셔서 마귀에게 결정적인 치명상을 입혔지만, 마귀는 남은 힘으로 신자들을 유혹하고 시험합니다. 이스라엘 백성들이 이방 민족들을 물리치고 가나안 땅을 차지했듯 신자는 이 원수에 대적해 영적 전쟁을 치러야 합니다. 그러나 신자는 연약합니다. 다행히도 하나님은 신자의 연약함을 아시고, 그것을 극복하도록 은혜의 수단을 마련해 놓으셨습니다. 바로 하나님의 전신 갑주입니다.

성경은 신자들에게 하나님의 전신 갑주를 취하라고 명령합니다(엡 6:13). 전신 갑주는 신자의 연약함을 극복하는 구체적인 수단입니다. 그런데 이 수단을 사용하려면 최종적으로 기도가 필요합니다(엡 6:18). 기도를 통해서 신자는 은혜의 수단을 효과적으로 사용할 수 있습니다. 우리가 기도할 때 성령은 마귀를 어떻게 대적할 수 있는지 깨닫게 하십니다(벧전 1:6, 7). 기도는 연약한 우리가 영적 전쟁을 효과적으로 수행하도록 성령의 은혜를 선사하는 도구입니다.

신자의 연약함 속에서 하나님의 은혜는 더욱 부요해집니다(엡 2:7). 바울은 자신이 비록 가난하지만 오히려 하나님의 큰 부요함을 경험했다고 말합니다. 그래서 그는 내게 능력

주시는 자 안에서 모든 것을 할 수 있다고 고백합니다(빌 4:13). 자신의 연약함을 깨달을수록 하나님의 은혜가 풍성함을 경험한 바울은 환난이나 어려움이 와도 그 은혜로 인해 담대할 수 있었습니다. 그래서 "나의 여러 약한 것들에 대하여 자랑하리니 이는 그리스도의 능력이 내게 머물게 하려 함이라"고 그는 말합니다(고후 12:9).

신자의 연약함은 자신이 은혜의 빚진 자임을 인정하게 만들며 그 은혜에 더욱 감사하게 합니다(롬 5:20). 따라서 이 땅에서 진정한 신자의 표시는 자신의 연약함을 철저히 깨닫고 쉴 새 없이 은혜를 구하기 위해 주께 기도하는 것입니다.

기 도 합 시 다

1. 기도 가운데 자신의 연약함을 볼 수 있도록.
2. 기도 가운데 자신의 무가치함을 철저히 인정할 수 있도록.
3. 기도 가운데 자신의 무능함을 깨닫도록.
4. 기도 가운데 오직 은혜만을 붙잡도록.

고.백. for PRAYER

성령에 의해 다듬어진 마음의 상태로부터
진정한 기도가 나옵니다.
모든 진정한 기도의 저자는 성령이십니다.

_ 청교도 기도 모음집에서

07

성령으로 기도한다는 것은

+

사랑하는 자들아
너희는 너희의 지극히 거룩한 믿음 위에
자신을 세우며 성령으로 기도하며
유다서 1:20

신자가 기도하는 방식과 내용은 다양합니다. 그래도 가장 근본적인 원칙은 성령 안에서 기도하는 것입니다. 고린도전서 14장 15절의 "내가 영으로 기도하고"라는 말씀과 에베소서 6장 18절의 "항상 성령 안에서 기도하고"라는 말씀은 모두 같은 의미입니다. 성령 안에서 기도하면 성령의 도우심과 심령을 강하게 하심, 기도할 것을 가르쳐 주심을 경험할 수 있습니다.

첫째로 '성령으로 기도'하라는 말씀은 성령의 감화를 위해서 기도하라는 뜻입니다. 성령의 감화는 성령께서 신자의 심령에 영향력을 행사하셔서 그 마음을 주관하시는 것을 의미합니다. 성령의 감화로 신자의 마음에 갈급함이 형성되고, 이로써 신자는 더욱 간절히 기도하게 됩니다(빌 2:13). 야고보서 5장 16절은 "병이 낫기를 위하여 서로 기도하라"고 말씀하는데, 이는 신자의 마음에 치유에 대한 갈망이 크게 일어난 것을 의미합니다. 성령의 영향력으로 그 심령에 병이 낫기를 소망하는 마음이 발생한 것입니다.

성령은 신자의 심령에 있는 불을 더욱 일어나게 합니다. 오순절에 성령이 임하실 때 불과 강한 바람으로 역사하신 방식과 같습니다. 따라서 성령으로 기도하라는 것은 성령에 의해서 열정적으로 기도하라는 뜻입니다.

이러한 기도는 단지 입술만 움직여 하는 기도가 아닙니다. 온 몸을 다해서 하는 기도입니다. 예레미야 선지자가 손과 마음을 들어 한 기도입니다(애 3:41). 성령은 신자의 기도 속에 열망을 더욱 일으켜 신자가 구하고, 찾고, 두드리게 만듭니다(마 7:7). 얍복 나루에서 야곱이 천사와 밤새 씨

름하면서 "당신이 내게 축복하지 아니하면 가게 하지 아니하겠나이다"라고 외쳤던 것과 같은 기도입니다(창 32:24-26).

맹인 두 사람이 자신들을 불쌍히 여겨 달라며 가버나움에서부터 예수님을 뒤따라와, 예수님께서 들어가신 집까지 쫓아갔습니다. 눈먼 상태에서 이렇게까지 뒤따라가는 것은 결코 쉬운 일이 아닙니다. 그럼에도 불구하고 두 맹인의 열망은 식지 않았고, 오히려 더욱 증가되었습니다. 마침내 예수님은 두 맹인의 열망을 확인하셨습니다. "내가 능히 이 일 할 줄을 믿느냐"(마 9:28). 그들은 열정적으로 대답했습니다. 예수님은 그들의 눈을 만지시고 "너희 믿음대로 되라"고 말씀하셨습니다(마 9:29).

바울은 아그립바 왕 앞에서 열두 지파가 하나님의 약속에 대해 얼마나 간절하게 기도했는지를 다음과 같이 말했습니다.

"이 약속은 우리 열두 지파가 밤낮으로
간절히 하나님을 받들어 섬김으로
얻기를 바라는 바인데"(행 26:7).

이 말씀은 하나님께서 주신 약속을 얻기 위해 간절히 기도한 모습을 묘사한 것입니다. 성령께서 신자의 기도 속에 열망을 일으키셔서 기도의 간절함을 더하십니다.

둘째로 '성령으로 기도'하라는 말씀은 믿음 안에서 기도하라는 말씀입니다. 성령은 믿음의 영이십니다(고후 4:13). 믿음 가운데 기도하게 하시는 성령으로 인해 신자는 흔들리지 않는 기도를 드릴 수 있습니다(약 1:6). 신자는 성령의 도우심으로, 기도 가운데 의심을 떨쳐버릴 수 있습니다. 거룩한 손을 들어 기도하라고 했던 바울의 말은 믿음 가운데 의심 없이 기도하라는 뜻입니다(딤전 2:8).

성령의 이러한 역사는 도우심을 구하는 신자를 은혜의 보좌로 담대히 나아가게 합니다. 성령의 역사를 통해 신자는 자신의 기도를 주께서 들으신다는 확신을 얻습니다. 그리고 주는 어떤 상황이라도 찾는 자에게 상 주시는 이심을 의심하지 않고 열정적으로 기도하게 됩니다(히 11:6).

셋째로 '성령으로 기도'할 때 신자는 거룩한 마음으로

기도할 수 있습니다. 성령은 성결의 영이시기 때문입니다. 성령의 주된 사역은 신자의 심령을 거룩하게 하는 것입니다. 따라서 신자가 성령으로 기도하면, 거룩한 생각으로 가득 차게 되고 거룩한 의무에 대해 순종하고자 하는 마음이 일어납니다. 여호와 하나님의 이름을 위해 성전을 건축하고자 하는 마음이 다윗에게 일어난 것과 같습니다. 하나님은 이러한 마음을 기뻐하십니다(왕상 8:18).

기도의 사람 다니엘은 기도하는 가운데 하나님께 자신을 더욱 구별하여 드리고자 하는 결심이 일어났습니다(단 1:8). 이렇게 자신을 구별하여 주께 드리고 싶은 마음이 신자의 기도 가운데 일어나는 것은 성령께서 일하신다는 증거입니다. 성령께서는 신자가 기도할 때 헌신할 마음을 부어 주십니다.

바울과 바나바는 금식 기도 중에 주저함 없이 자신들을 전도자로 드렸습니다(행 13:3). 바울이 "성도들의 쓸 것을 공급하며 손 대접하기를 힘쓰라"(롬 12:13)는 명령에 앞서 "기도에 항상 힘쓰며"라고 말한 것은, 기도를 통해 일어난 거룩한 마음으로 형제들을 섬길 수 있기 때문입니다.

넷째로 '성령으로 기도'할 때 신자는 사랑 안에서 기도할 수 있습니다. 성령은 사랑의 영이십니다. 신자는 기도할 때 두려움이 사라집니다. 성령께서 신자로 하여금 하나님의 사랑을 더욱 깊이 인지하게 도우시기 때문입니다. 따라서 신자는 두려워하는 마음이 아니라, 하나님을 사랑하는 마음으로 기도드릴 수 있습니다. 에스더는 이스라엘을 위해 규례를 어기고 왕에게 나아가기 전, 유대인들에게 자신을 위한 금식 기도를 부탁하고는 자신도 금식 기도를 드렸습니다(에 4:16). 이렇게 기도하면서 에스더는 두려움을 극복하고 하나님의 사랑에 대한 확신을 얻었습니다.

또한 성령께서는 신자에게 사랑의 마음을 일으키셔서 다른 사람을 위해 기도하도록 도우십니다. 어려움을 당하는 이웃들을 위해 진정으로 기도하게 하십니다. 스데반 집사는 자신에게 돌을 던지는 자들을 위해 "무릎을 꿇고 크게 불러 이르되 주여 이 죄를 그들에게 돌리지 마옵소서"라고 기도했습니다(행 7:60). 이 역시 기도 가운데 성령께서 역사하셨기 때문에 가능했던 것입니다.

성령으로 기도하면 성령의 속성에 영향을 받습니다. 간

구의 영, 믿음의 영, 성결의 영, 사랑의 영이신 성령의 속성을 따라 기도 가운데 성령의 열매를 맺게 됩니다.

기 도 합 시 다

1. 나의 기도 속에 열정이 일어나게 하소서.
2. 나의 기도 속에 믿음이 일어나게 하소서.
3. 나의 기도 속에 거룩함이 일어나게 하소서.
4. 나의 기도 속에 사랑이 일어나게 하소서.

2 PART

기도할 때 성령은 무엇을 하실까?

구할 바를 이끄시는 성령의 기도
죄를 깨닫게 하시는 성령의 기도
부족함을 깨우치시는 성령의 기도
약속을 바라보게 하시는 성령의 기도
그리스도를 향하게 하시는 성령의 기도
은혜 위에 은혜를 더하시는 성령의 기도
확신으로 이끄시는 성령의 기도

고.백. for PRAYER

오늘 아침 일찍 기도하기 위해 숲 속으로 들어갔다.
기도하는 중에 성령의 도우심을 얻고 믿음을 얻었다.
정오 무렵에는 기도 가운데 하나님께서
주님의 사랑의 힘을 느끼게 해주셔서
주님과 더불어 기도할 수 있었다.
저녁이 되어 나는 하나님 앞에
한없이 빚진 자임을 깨달았다.

_ 데이비드 브레이너드의 일기에서

08

구할 바를 이끄시는 성령의 기도

+

너희는 주께 받은 바
기름 부음이 너희 안에 거하나니
아무도 너희를 가르칠 필요가 없고
오직 그의 기름 부음이
모든 것을 너희에게 가르치며
또 참되고 거짓이 없으니
너희를 가르치신 그대로 주 안에 거하라
요한일시 2:27

성령은 신자에게 내주하셔서 영적인 삶이 가능하도록 지도하십니다(갈 4:6). 무엇을 기도해야 할지 가르치시며 신자가 기도를 하도록 도전하십니다(요일 2:27). 따라서 신자는 기도할 때 성령의 실제적인 영향 아래에서 기도해야 합니다. 영혼을 중생시키실 때 성령의 일하심이 임의로 부는 바람 같아도 그 효과가 분명한 것처럼, 신자의 기도 역시 성령께서 내적으로 역사하셔야 올바른 방향이 잡힙니다(요 3:8).

성령은 신자가 기도할 내용을 깨닫게 하시고(딤후 1:7) 은밀히 가르치십니다(롬 8:26, 27; 마 10:19). 성령께서는 하나님의 깊은 것까지 통달하시기 때문입니다(고전 2:10). 성령의 이러한 도우심은 기도할 때뿐만 아니라 설교자가 설교할 때에도 있습니다. 이사야 61장 1절에서 이 원리가 나타납니다.

"주 여호와의 영이 내게 내리셨으니 이는 여호와께서 내게 기름을 부으사 가난한 자에게 아름다운 소식을 전하게 하려 하심이라 나를 보내사 마음이 상한 자를 고치며 포로된 자에게 자유를, 갇힌 자에게 놓임을 선포하며"(사 61:1).

성령께서는 신자가 잘못 구하는 것을 포기하게 만드시고, 하나님 말씀에 어긋나는 것을 구하지 못하게 하십니다.

신자는 세상을 살아가면서 영적인 것에 무뎌집니다. 또 본성이 오염되어 더럽기 때문에 성령께서 우리의 영혼을 깨우치셔야 바른 기도를 드릴 수 있습니다(요 6:63). 성령의 도우심이 없는 우리의 기도는 열린 무덤과 같아서 시체 썩는 냄새를 발할 수밖에 없습니다. 예수님께서 바리새인들을 향해 "화 있을진저 외식하는 서기관들과 바리새인들이여 회칠한 무덤 같으니 겉으로는 아름답게 보이나 그 안에는 죽은 사람의 뼈와 모든 더러운 것이 가득하도다"라고 말씀하신 것과 같습니다(마 23:27).

따라서 성령의 거룩하게 하는 은혜가 있어야 신자는 기꺼이 기도의 장소로 나아갈 수 있습니다. 오직 성령의 거룩하게 하는 은혜가 기도를 실행하게 하십니다. 성령의 충만함을 받으라는 명령은 성령의 지배를 받으라는 뜻입니다. 이러한 성령의 영향력 아래에 있게 되면 주를 찬송하고 기도할 수밖에 없습니다(엡 5:18, 19).

성령께서 인도하시는 올바른 기도는 기도의 내용과 방법이 모두 올바릅니다. 내용과 방법 두 가지가 모두 옳아야 올바른 기도입니다. 여호와 하나님께서는 이스라엘의 위선적인 금식을 책망하시며, 올바른 기도의 두 가지 요소를 언급하셨습니다.

"그들이 날마다 나를 찾아 나의 길 알기를 즐거워함이 마치 공의를 행하여 그의 하나님의 규례를 저버리지 아니하는 나라 같아서 의로운 판단을 내게 구하며 하나님과 가까이 하기를 즐거워하는도다"(사 58:2).

여기에 나타난 기도의 두 가지 요소를 보면, 첫째는 하나님 찾기를 즐거워하는 것이고 둘째는 하나님의 뜻을 구하는 것입니다. 하나님의 뜻에 맞게 구하려면(요일 5:14) 반드시 성령의 도우심이 필요합니다. 하나님을 진정으로 찾고 구하는 열망 역시 성령의 감화(affections)가 있어야 가능하기 때문입니다.

바른 기도는 내용상 하나님에 대한 지식이 있어야 합니다. 또 방법상 진정한 열심이 있어야 합니다. 즉, 하나님의 뜻에 합당하게 구하고 그 구함에 간절함이 있어야 합니다.

그리고 성령께서 이끄시는 올바른 기도는 하나님 앞에 자신을 철저히 낮추는 기도입니다. 도덕적으로 자신의 의로움을 내세우는 것은 잘못된 기도입니다(눅 18:11). 신자는 하나님 앞에서 자신의 행위나 공로를 내세울 것이 아무것도 없어 탄식할 수밖에 없습니다(사 64:6).

바리새인과 비교되는 세리는 "멀리 서서 감히 눈을 들어 하늘을 쳐다보지도 못하고 다만 가슴을 치며 이르되 하나님이여 불쌍히 여기소서 나는 죄인이로소이다"라고 기도했습니다(눅 18:13). 이것이 올바른 기도입니다. 성령께서는 우리의 부족함을 철저히 알게 하셔서 겸손히 구하게 만드십니다.

십자가상의 강도 가운데 구원받은 자가 있습니다. 그는 자신의 구원에 대해 예수님에게 겸손히 구했습니다. "예수여 당신의 나라에 임하실 때에 나를 기억하소서"(눅 23:42). 자신은 도무지 구원받을 자격이 없지만 주님의 은혜로 받아 달라고 하는 겸손한 청원이었습니다. 예수님께서는 이 강도의 청원을 들어주셨습니다.

성령께서 이끄시는 올바른 기도는 신실합니다. 기도가 신실하려면 형식주의와 외식을 피해야 합니다(딤후 3:5, 시 17:1). 하나님은 기도의 신실성을 보십니다(잠 15:8). 하나님은 이사야 선지자에게 이스라엘 백성들의 기도를 지적하셨습니다. "주께서 이르시되 이 백성이 입으로는 나를 가까이 하며 입술로는 나를 공경하나 그들의 마음은 내게서 멀리 떠났나니"(사 29:13). 이스라엘의 기도가 신실하지 않다는 말씀입니다. 이스라엘은 두 마음으로 기도했습니다. 즉 겉으로만 하나님을 공경하는 듯 기도했습니다.

또한 기도문으로 기도하는 경우 외식에 빠지지 않도록 주의해야 합니다. 기도 용어들이 수려하고 운율적으로 탁월하다 할지라도, 신실한 마음이 결여되었다면 올바른 기도가 될 수 없습니다. 물론, 기도문을 가지고 기도하면 성령께서 역사하지 않는다고 말할 수는 없습니다. 그러나 우리의 기도 가운데 역사하시는 성령의 역동성을 잃어버릴 뿐 아니라 외식에 빠지기 쉽습니다.

기도문을 작성할 때 우리는 기도를 듣는 이들의 평가를 생각하지 않을 수 없습니다. 또 그들 앞에 자신의 기도 능력을 드러내려는 유혹을 받습니다. 기도문을 가지고 드리는 기도가 탁월하게 보여도 그 심령에 형식적으로 사람의 평가만을 염두에 둔다면 그 기도는 오염된 것입니다.

그렇다면 성령께서는 왜 우리가 올바른 기도를 드리도록

이끄시는 걸까요? 그 이유는 하나님의 자녀들이 풍성한 은혜를 누리고 의의 열매를 맺게 하기 위함입니다(사 44:3, 4).

"나는 목마른 자에게 물을 주며 마른 땅에 시내가 흐르게 하며 나의 영을 네 자손에게, 나의 복을 네 후손에게 부어 주리니 그들이 풀 가운데에서 솟아나기를 시냇가의 버들 같이 할 것이라"(사 44:3,4).

기 도 합 시 다

1. 기도를 시작할 때 성령의 감화를 구할 수 있도록.
2. 성령의 도우심으로 하나님 말씀에 일치한 기도를 드릴 수 있도록.
3. 성령의 도우심으로 신실한 기도를 드릴 수 있도록.
4. 성령의 도우심으로 겸손한 기도를 드릴 수 있도록.

고.백. for PRAYER

기도는 죄를 쉬게 하는 것이며,
기도를 쉬는 것은
죄의 유혹을 받는 것이다.

_ 존 번연 John Bunyan

09

죄를 깨닫게 하시는 성령의 기도

+

다윗이 백성을 조사한 후에 그의 마음에 자책하고
다윗이 여호와께 아뢰되
내가 이 일을 행함으로 큰 죄를 범하였나이다
여호와여 이제 간구하옵나니
종의 죄를 사하여 주옵소서
내가 심히 미련하게 행하였나이다 하니라
사무엘하 24:10

 신자는 회심하는 과정에서 성령의 역사를 통해 자기 죄의 심각함과 그에 대한 하나님의 심판의 엄중성을 이미 체험했습니다(요 16:8). 그리고 세리가 가슴을 치면서 자신은 죄인이라며 용서를 갈망한 것 같은 영적 현상도 맛보았습니다(눅 18:13). 이러한 영적인 상황 속에서 우리는 "무릇 우리는 다 부정한 자 같아서 우리의 의는 다 더러운 옷 같으며 우리는 다 잎사귀 같이 시들므로 우리의 죄악이 바람 같이 우리를 몰아가나이다"(사 64:6)와 같은 기도를 드린 바 있습니다.

신자가 회심한 이후 성령께서는 죄를 미워하는 성질을 심령에 조성하셔서 신자가 계속해서 죄에 대한 경각심을 가지도록 하십니다. 성령께서는 신자가 기도할 때 그의 죄악이 얼마나 지독하고 더러운 것인지 알게 하십니다. 신자는 기도 속에서 자신이 여전히 죄 가운데 있음에 애통해하며 자신의 완전하지 못함에 영적인 고통을 느끼고 괴로워합니다(고후 5:4). 이사야 선지자는 환상으로 하늘 보좌를 보고는 자신의 죄를 깨달아 탄식하는 기도를 드렸습니다.

"그 때에 내가 말하되 화로다 나여 망하게 되었도다
나는 입술이 부정한 사람이요
나는 입술이 부정한 백성 중에 거주하면서
만군의 여호와이신 왕을 뵈었음이로다"(사 6:5).

성령께서는 신자의 영혼을 자신의 죄와 부패로 인해 근심하게 만드십니다. 그래서 영적으로 탄식하는 신자는 하나님의 건짐을 바라게 됩니다.

이때의 기도를 통해 성령은 먼저 신자 자신이 하나님의 은혜에 합당하지 않음을 인정하게 하십니다. 바리새인이 자신이 행한 것을 하나님 앞에 열거하면서 스스로 의롭게 여기는 기도를 드린 것은, 세리처럼 자신의 죄와 부족을 보지 못했기 때문입니다(눅 18:11, 12). 그래서 성령은 신자의 영혼을 상한 갈대와 꺼져가는 심지처럼 만드셔서 은혜를 구하게 하십니다(마 12:20).

그리고 성령은 신자로 하여금 하나님 앞에서 자신의 죄를 고백하도록 이끄십니다(시 62:8). 다윗은 자신이 주의 목전에서 악을 행했다고 솔직히 고백했습니다(시 51:4). 신자의 기도 가운데 성령께서 이렇게 역사하시는 목적은 신자의 마음에 죄를 더욱 미워하는 성질을 일으키고, 죄와 싸우도록 만들기 위해서입니다(렘 31:19). 에스겔 선지자는 이렇게 말했습니다.

"그 때에 너희가 너희 악한 길과

너희 좋지 못한 행위를 기억하고

너희 모든 죄악과 가증한 일로 말미암아

스스로 밉게 보리라"(겔 36:31).

자신의 죄로 인하여 탄식하는 기도 가운데 성령은 신자의 마음에 완전한 것에 대한 갈망을 일으키십니다(빌 3:14). 신자에게 죄를 알게 하실 뿐만 아니라, 죄를 이기고자 하는 갈망을 일으켜 의에 주린 상태로 만드시는 것입니다(마 5:6). 이때 신자의 마음은 영적으로 가난해지며 통회하는 심령을 가지게 되고, 여호와의 말씀과 뜻에 더욱 주의를 기울여 순종하고픈 마음이 일어납니다.

기도 가운데 이러한 체험을 한 신자는 그리스도의 의가 얼마나 자신에게 소중하고 귀한 것인지 인정하게 됩니다(빌 3:9). 그러나 성령의 도우심으로 심령이 낮아짐을 경험하지 못한 신자는 자신의 기도를 공로로 생각합니다. 그리고 때로는 기도라는 행위 자체로 스스로를 의롭게 여기는 오류에 빠집니다.

영적으로 겸손하고 자신의 죄를 솔직히 인정한 신자는 하나님께 더욱 간절히 울부짖으며 기도합니다. 이러한 기도를 모든 기도(all prayer)라고 부릅니다(엡 6:18).

간절한 기도는 기도의 장애물을 극복하게 합니다. 신자도 기도하다 보면 하나님의 선하심과 응답에 대해 회의를 갖거나 의심할 수 있습니다. 그러나 간절히 부르짖는 기도는 이러한 의심들을 극복합니다. 이러한 간절함이 없는 상태에 기도하다 장애물을 만나면, 많은 사람들은 쉽게 기도를 포기합니다.

기도 가운데 성령의 역사로 심령이 낮아졌다면, 신자는 하나님께서 이미 베푸신 은혜를 인정하고 감사하게 됩니다. 시편 기자는 "내게 주신 모든 은혜를 내가 여호와께 무엇으로 보답할까"라고 외쳤습니다(시 116:12). 기도 가운데 받은 은혜를 깨닫고 감사했던 것입니다. 이것이 성령의 역사입니다.

성령은 그 영혼을 낮추고 더욱 간절히 기도하게 하셔서 결국에는 하나님의 은혜에 감사하도록 만드십니다. 예레미야의 기도를 보면 이러한 영적 현상이 신자의 기도 속에서 경험되는 것을 알 수 있습니다.

> "내 고초와 재난 곧 쑥과 담즙을 기억하소서
> 내 마음이 그것을 기억하고 내가 낙심이 되오나
> 이것을 내가 내 마음에 담아 두었더니
> 그것이 오히려 나의 소망이 되었사옴은
> 여호와의 인자와 긍휼이 무궁하시므로
> 우리가 진멸되지 아니함이니이다"(애 3:19-22).

낮아진 심령만이 하나님의 기도 응답에 대해서 하나님께 영광을 돌릴 수 있습니다. 낮아지지 않은 심령은 하나님께 감사하지도 않으며, 자신의 기도와 종교적 행위를 큰 것으로 보고 스스로를 의롭게 여깁니다(롬 10:3).

이처럼 성령은 우리의 죄를 깨닫게 하시고, 우리의 심령을 낮추셔서 은혜를 구하게 하십니다. 그뿐 아니라 마지막에는 아주 작은 은혜도 크게 보게 하십니다. 그래서 하나님의 자비하심에 대해 감사하게 만드십니다.

신자에게는 기도 가운데 이러한 성령의 역사를 경험하는

특권이 있습니다. 이러한 체험은 신자가 성화되는 증거이기도 합니다.

기 도 합 시 다

1. 내가 기도하지만 변화되지 않는 이유를 알게 하소서.
2. 내가 기도하지만 낮아지지 않는 이유를 알게 하소서.
3. 내가 기도하지만 나의 마음이 흔들리는 이유를 알게 하소서.
4. 내가 기도하지만 감사하지 않는 이유를 알게 하소서.

고백. for PRAYER

만약 성령께서
우리의 기도를 지도해 주시지 않고
우리가 스스로의 힘으로 기도한다면,
우리는 가장 필요한 것, 적당한 것,
유익한 것을 알 수 없다.

_ 데이비드 클락슨 David Clarkson

10

부족함을 깨우치시는
성령의 기도

+

이에 스스로 돌이켜 이르되
내 아버지에게는
양식이 풍족한 품꾼이 얼마나 많은가
나는 여기서 주려 죽는구나
누가복음 15:17

어리석은 아들이 아버지로부터 유산을 미리 받아 먼 지방으로 떠났습니다. 흥청망청 놀다 모든 재산을 탕진한 그는 완전히 거지가 된 자신의 비참함을 돌아보고 자신이 멸망당할 수밖에 없는 상태임을 깨달았습니다. 탕자의 이러한 깨달음은 성령께서 그 영혼 위에 일하신 결과입니다. 성령은 우리에게 무엇이 부족하고 무엇이 필요한지 알게 하십니다(요 14:26).

누가복음 18장에 나오는 바리새인과 세리의 기도의 가장 큰 차이점 역시 자기에게 무엇이 필요한지 인식하는지의 여부입니다. 바리새인은 자기에게 무엇이 필요한지 전혀 인식하지 못했습니다. 그러나 세리는 자신은 불의한 자이며 죄인으로서, 하나님의 용서가 필요함을 알았습니다. 이렇듯 성령은 기도 속에 역사하셔서 신자의 마음의 눈을 열고 그 부족함과 필요를 깨닫게 하십니다. 이것이 성령의 조명하시는 역사입니다(엡 1:17, 18).

주님은 영적인 부족을 인지하지 못하는 라오디게아 교회에 대해 책망하셨습니다.

"네가 말하기를 나는 부자라
부요하여 부족한 것이 없다 하나
네 곤고한 것과 가련한 것과 가난한 것과
눈 먼 것과 벌거벗은 것을 알지 못하는도다
내가 너를 권하노니
내게서 불로 연단한 금을 사서 부요하게 하고

흰 옷을 사서 입어 벌거벗은 수치를 보이지 않게 하고
안약을 사서 눈에 발라 보게 하라"(계 3:17, 18).

영적 상태가 이렇다는 것은 교회가 세속화되고 부패했다는 증거입니다. 교회가 세상을 닮아 갈 때 교인들은 영적인 것에 관심을 두지 않고 이 세상의 즐거움을 탐합니다. 이들은 기도하지 않을뿐더러 기도한다 해도 무엇을 위해 기도해야 할지 모릅니다. 이들의 가장 큰 위험은 자신들은 아무 문제가 없다고 생각하는 것입니다. 오히려 이들은 하나님께서 축복해 주셔서 우리는 부자가 되었고 부족한 것이 없다며 스스로 자만합니다.

구약의 교회도 이러한 상태였습니다. 그때도 하나님은 선지자들을 일으켜 교회를 책망하셨습니다. 하나님은 이사야 선지자를 통해 다음과 같이 말씀하셨습니다.

"너희 못 듣는 자들아 들으라
너희 맹인들아 밝히 보라…
네가 많은 것을 볼지라도 유의하지 아니하며

귀가 열려 있을지라도 듣지 아니하는도다"(사 42:18, 20).

목회자는 교회의 이러한 영적 상태를 꾸짖어야 합니다. 교인들로 자신들의 영적 상태를 돌아보게 해야 합니다. 그리고 신자들은 이를 책망하는 설교와 가르침을 받을 때 자신들을 점검하고 돌아보아야 합니다. 성령께서는 이러한 은혜의 수단 위에 역사하셔서 교회와 신자들의 부족을 깨닫게 하시고, 기도하게 하시기 때문입니다.

이를 통해 교인들은 자기를 점검하면서 자신들이 죄 가운데 있음을 깨닫게 됩니다. 그리고 하나님께 용서와 은혜를 구하게 됩니다. 결국 신자는 매일의 삶 가운데 기도할 수밖에 없습니다.

우리의 부족을 알게 하시는 성령은 신자에게 기도를 강제하시지 않고, 그가 자유롭게 기꺼이 기도를 드리도록 인도하십니다(눅 15:17-19). 그리고 끈질긴 기도(importunate prayer) 또는 강청하는 기도를 드리도록 만드십니다(눅 11:8).

예수님께서 여리고를 지나실 때 길가에서 구걸하던 맹인이 예수님을 향해 외쳤습니다. "다윗의 자손 예수여 나를 불쌍히 여기소서"(눅 18:38). 그러나 예수님은 곧바로 반응하시지 않았습니다. 맹인은 더욱 크게 "다윗의 자손이여 나를 불쌍히 여기소서"라고 외쳤습니다.

마침내 예수님은 그를 불러 "네게 무엇을 하여 주기를 원하느냐" 질문하셨습니다. 예수님은 맹인의 마음과 소원을 알고 계셨지만 그렇게 물으셨습니다. 이에 맹인은 "주여 보기를 원하나이다"라고 대답했습니다. 그 대답을 들은 예수님은 "네 믿음이 너를 구원하였느니라"고 응답하셨습니다(눅 18:41, 42).

예수님은 대화를 통해 맹인이 자신의 필요를 더욱 절실히 알게 하시고, 이에 대한 소망이 더욱 크게 일어나게 하셨습니다. 그리고 응답하셨습니다. 신자의 기도 속에서 성령이 일하실 때도 이러한 현상이 일어납니다. 성령께서는 신자로 하여금 자신의 부족을 알게 하시고, 완전함을 향한 갈망이 더욱 일어나게 하십니다. 그리고 응답하십니다.

때로 신자는 자신에게 진정으로 무엇이 필요한지 모른 채 기도하기도 합니다. 이때 성령께서 교정(correction)하셔서 우리가 올바르게 구하도록 하십니다. 욥이 하나님의 뜻을 자신의 생각으로 곡해할 때, 하나님께서 그에게 나타나셨습니다. 그리고 다음과 같이 질문하셨습니다.

"그 때에 여호와께서 폭풍우 가운데에서 욥에게 말씀하여 이르시되 무지한 말로 생각을 어둡게 하는 자가 누구냐"(욥 38:1, 2).

여호와의 질문에 욥은 자신의 무지를 인정하고 주의 뜻을 알게 해달라고 청원했습니다(욥 42:3, 4). 여호와께서는 우매한 말로 판단했던 욥의 친구들도 꾸짖으셨습니다(욥 42:7-9). 그들의 생각으로 하나님의 뜻을 왜곡하여 잘못 판단한 것에 대해 하나님이 직접 교정하신 것입니다.

예레미야 선지자는 이스라엘 백성을 위해 기도했습니다. 그러나 여호와는 심판이 작정되었으니 그들을 위해 기도하지 말라고 말씀하셨습니다(렘 11:14). 사도 바울은 육체의 가시를 제거해 달라고 기도했습니다. 바울의 기도가 잘못된 건 아니지만, 하나님은 가시를 제거하시기보다 그 목적을 설명하셨습니다. 하나님의 뜻을 깨달은 바울은 그 가시로 인해 감사를 드렸습니다(고후 12:9).

하나님의 뜻을 온전히 이해하지 못한 상황에서 드리는 신자의 기도를 성령께서 교정하십니다. 신자가 무엇이 진정으로 부족하고 무엇이 필요한지 모를 때, 성령은 신자의 기도 가운데 임하셔서 밝히 알리시고 우리가 올바르게 기도하도록 도우십니다.

기 도 합 시 다

1. 나의 기도 속에서 나의 생각과 주장을 펼치지 않게 하소서.
2. 나의 기도 속에서 성령의 역사로 나의 부족을 알게 하소서.
3. 나의 기도 속에서 성령의 역사로 구할 것을 구하게 하소서.
4. 나의 잘못된 기도를 교정하소서.

고.백. for PRAYER

약속은 믿음의 근거다.
믿음이 강해지면 열정이 생긴다.
열정적인 기도는 승리를 부른다.

_ 윌리엄 거널 William Gurnall

11

약속을 바라보게 하시는 성령의 기도

+

메대 족속 아하수에로의 아들 다리오가
갈대아 나라 왕으로 세움을 받던 첫 해
곧 그 통치 원년에 나 다니엘이
책을 통해 여호와께서 말씀으로
선지자 예레미야에게 알려 주신
그 연수를 깨달았나니
곧 예루살렘의 황폐함이
칠십 년마에 그치리라 하신 것이니라
다니엘 9:1, 2

예레미야 서책을 읽던 다니엘 선지자는 바벨론 포로 생활에서 이스라엘이 해방되는 하나님의 약속의 때가 가까워짐을 깨닫고 작정 기도를 했습니다. 성령께서는 이처럼 신자들이 하나님의 약속을 깨닫고 그것을 바라보도록 도우십니다. 이러한 성령의 도우심은 신자가 기도를 시작했을 때 효력이 발휘됩니다. 시편 기자는 다음과 같이 노래했습니다.

"여호와의 친밀하심이 그를 경외하는 자들에게 있음이여 그의 언약을 그들에게 보이시리로다"(시 25:14).

하나님께서 약속의 말씀을 주시면 성령께서는 그것을 신자에게 적용해 깨닫게 하십니다. 이는 신자들이 기도하도록 이끄시기 위함입니다. 시편 기자는 이렇게 기도했습니다. "주의 종에게 하신 말씀을 기억하소서 주께서 내게 소망을 가지게 하셨나이다"(시 119:49). 에베소서 1장 13절은 성령을 약속의 성령이라 부릅니다. 성령께서 신자의 심령에 약속을 입증하고 확신시키기 때문입니다.

기도는 필요한 목록을 하나님 앞에서 낭독하는 것이 아닙니다. 하나님의 약속을 보지 못한다면 신자는 기도의 방향을 잡을 수 없습니다. 따라서 성령께서는 그 은혜로운 방식으로써 우리가 하나님의 뜻에 합당하게 기도하도록 도우십니다. 하나님의 약속을 올바르게 깨달았을 때 신자는 하나님께 더욱 간절히 기도드릴 수 있습니다. 다윗은 나단 선지자를 통해 하나님의 약속을 받고 다음과 같이 기도했습니다.

"주의 종이 이 기도로 주께 간구할 마음이 생겼나이다
주 여호와여 오직 주는 하나님이시며
주의 말씀들이 참되시니이다
주께서 이 좋은 것을 주의 종에게 말씀하셨사오니
이제 청하건대 종의 집에 복을 주사
주 앞에 영원히 있게 하옵소서
주 여호와께서 말씀하셨사오니
주의 종의 집이 영원히 복을 받게 하옵소서"(삼하 7:27-29).

하나님의 약속으로 인해 다윗은 하나님께 더욱 간구했습니다. 그의 간구는 하나님께서 약속하신 대로 이루시기를 소원하는 내용으로 가득 찼습니다. 약속을 바라볼 때 신자는 약속을 이루시는 하나님을 바라보게 됩니다. 그래서 그 기도는 더욱 간절해집니다.

우리가 문제와 어려움을 해결해 달라고 기도할지라도, 성령은 그 해결에 초점을 두시지 않습니다. 오히려 성령은 신자들이 하나님의 약속을 바라보게 하십니다. 성경에 있는 약속들을 깨닫게 하시고, 약속들이 자신에게 이루어지기를 기도하게 하십니다. 그 이유는 우리가 기도 응답보다는 문제를 해결해 주시는 하나님에 대한 믿음을 소망하길 원하시기 때문입니다.

모압과 암몬 자손들이 연합해 여호사밧을 공격하자, 여호사밧은 백성들과 함께 하나님 앞에서 금식하며 기도했습니다(대하 20:1-13). 이때 여호와의 영이 회중 가운데 있던 레위 사람 야하시엘에게 임했습니다. 그리고 이 전쟁은 하나님에게 속한 것이며, 여호와께서 구원하실 거라는 약속을 주셨습니다(대하 20:14-17). 약속을 받은 왕과 백성들은 여호와를 신뢰하며 기도했고, 결국 하나님께서 약속대로 행하심을 맛보았습니다(대하 20:22, 23).

이렇게 신자가 기도할 때 성령께서는 약속을 보게 하시고 그 믿음을 강화시키십니다. 시편 기자는 약속을 바라보는 것의 중요성에 대해 다음과 같이 노래했습니다.

"이에 그들이 그들의 고통 때문에 여호와께 부르짖으매
그가 그들의 고통에서 그들을 구원하시되
그가 그의 말씀을 보내어 그들을 고치시고
위험한 지경에서 건지시는도다"(시 107:19, 20).

위험에 처한 신자에게 먼저 약속을 보내 주시고, 신자가 그 약속을 끝까지 신뢰하는 가운데 여호와께서 건져 주시는 원리를 말하는 것입니다. 신약에서도 이러한 경우를 볼 수 있습니다.

바울은 로마로 압송되는 중에 유라굴로라는 큰 풍랑을 만났습니다. 큰 풍랑으로 인해 구원의 여망이 거의 없었지만(행 27:20), 그 가운데서 바울은 하나님의 약속을 받았습니다. 그는 사람들에게 말했습니다. "그러므로 여러분이여 안심하라 나는 내게 말씀하신 그대로 되리라고 하나님을 믿노라"(행 27:25).

죽음의 그늘이 뒤덮인 상황에서 하나님의 약속을 받고,

그 약속에 대해 확신하는 바울의 모습입니다. 바로 성령께서 신자가 기도할 때 하나님의 약속을 바라보게 하시고, 믿음과 확신을 일으키는 방법입니다.

예수님은 필요한 약속들을 기억나게 하시는 성령의 사역에 대해 이렇게 말씀하셨습니다. "보혜사 곧 아버지께서 내 이름으로 보내실 성령 그가 너희에게 모든 것을 가르치고 내가 너희에게 말한 모든 것을 생각나게 하리라"(요 14:26). 이는 야곱의 기도에서도 볼 수 있습니다. 가족과 함께 고향으로 돌아가던 야곱은 형 에서를 만날 일에 두려움을 느끼고 기도했습니다.

"내가 주께 간구하오니 내 형의 손에서,
에서의 손에서 나를 건져내시옵소서
내가 그를 두려워함은 그가 와서
나와 내 처자들을 칠까 겁이 나기 때문이니이다
주께서 말씀하시기를 내가 반드시 네게 은혜를 베풀어
네 씨로 바다의 셀 수 없는 모래와 같이
많게 하리라 하셨나이다"(창 32:11, 12).

야곱은 하나님의 약속을 근거로 하나님께 기도했습니다. 야곱이 당한 상황에 꼭 맞는 약속이었습니다. 이렇게 약속을 생각나게 하시는 이가 성령이십니다. 성령께서는 그 상황에 꼭 맞는 약속을 기억나게 하셔서, 신자가 그 약속을 바라보며 약속이 이루어질 것을 기도하게 하십니다.

아브라함은 사라의 태가 죽었음을 알고도 하나님의 약속을 의심하지 않았고, 하나님께서 그 약속을 능히 이루실 줄 확신했습니다(롬 4:21). 어떤 상황이든지 기도를 통해 성령께서 보여 주신 약속을 바라보고 확신하며 기도로 나아가기 바랍니다.

기 도 합 시 다

1. 문제와 어려움만을 바라보는 기도에서 벗어나게 하소서.
2. 나의 기도 속에서 약속을 깨닫는 역사가 풍성하게 하소서.
3. 나의 기도 속에서 약속을 바라보게 하소서.
4. 나의 기도 속에서 믿음과 확신이 강화되게 하소서.

고백. for PRAYER

성령은 신자들의 기도 속에서
그리스도를 영화롭게 함으로
신자들로 영광스러운 구속주를
온전히 깨닫게 하고
그리스도를 붙잡게 하신다.

_ 존 오웬 John Owen

12

그리스도를 향하게 하시는 성령의 기도

+

예수께서 들으시고 그들에게 이르시되
건강한 자에게는 의사가 쓸 데 없고
병든 자에게라야 쓸 데 있느니라
나는 의인을 부르러 온 것이 아니요
죄인을 부르러 왔노라 하시니라
마가복음 2:17

바리새인과 서기관은 스스로 의롭다고 생각했기 때문에 예수님을 필요로 하지 않았습니다. 지금도 많은 사람들이 예수님의 소중함을 깨닫지 못해 그리스도께 나아오지 않습니다. 육신적인 눈으로 살아가는 그들은 그리스도 안에 있는 은총을 보지 못합니다. 또 자신이 소유한 세상의 것에 만족하기 때문에(계 3:17, 18) 그리스도를 찾지 않습니다.

그러나 세리와 죄인들은 예수님을 필요로 했습니다. 자신들이 죄인임을 알았기 때문입니다. 예수님을 찾는 것은 병든 자가 병을 고치기 위해 의원을 필요로 하는 것과 같습니다. 병의 위중함을 깨닫는 환자일수록 명의를 찾는 것과 같은 이치입니다. 그리스도의 소중함을 깨닫는 것은 성령의 강력한 역사로만 가능합니다. 성령의 강력한 역사만이 육신적인 눈을 열어 그리스도를 보게 만듭니다. 마치 진주 장사가 값진 진주를 알아보고 모든 소유를 투자해 그 진주를 사는 것과 같습니다(마 13:46).

물론 자신의 죄로 인해 주님 앞에 나아가기 두려울 때가 있습니다. 계명을 지킬 수 없음을 인정한 신자는 자신의 부족과 무능, 거룩한 의무를 제대로 감당하지 못한다는 사실 때문에 기도하기를 주저합니다. 무릎은 꿇었지만 무엇을 어떻게 기도해야 할지 모릅니다. 기도에 확신도 없습니다.

이럴 때 신자는 우선 성령의 도우심을 구해야 합니다. 자신의 부족함에 대한 애통함이 크게 일어나기를 기도하고, 그리스도의 소중함을 보게 해 달라고 기도드려야 합니다. 신자의 이러한 기도 속에서 성령은 그가 결코 정죄되지 않는다는 확신을 주십니다(롬 8:1, 2).

성령께서는 신자가 기도 가운데 그리스도의 피를 힘입어 하나님의 보좌 앞에 담대히 나아가게 하십니다(히 10:19, 7:25). 그리스도의 소중함과 필요를 더욱 깨닫게 하셔서 신자가 그리스도를 붙잡게 하십니다. 성령의 일하심으로 신자는 그리스도를 바라보게 되고, 그 마음에 그리스도에 대한 사랑이 더욱 일어납니다.

그리스도께서는 기도 응답의 근거가 되십니다. 예수님은 "내 이름으로 무엇이든지 내게 구하면 내가 행하리라"고 말씀하셨습니다(요 14:14). 그리고 "지금까지는 너희가 내 이름으로 아무 것도 구하지 아니하였으나 구하라 그리하면 받으리니 너희 기쁨이 충만하리라"고 가르쳐 주셨습니다(요 16:24). 즉 하나님께서 신자의 간구에 응답하시는 이유는 그가 그리스도의 이름으로 구했기 때문입니다. 성령께서는 신자가 그리스도의 의를 힘입어 기도의 자리에 있음을 알게 하십니다. 이렇게 신자는 성령의 일하심으로 그리스도의 은덕의 소중함을 깨달아 더욱 겸손히 간구하게 됩니다. 왜냐하면 하나님은 우리의 기도에 응답할 어떤 의무나

책임이 없으시며 또한 우리에게는 기도 응답을 받을 만한 근거나 공로가 없기 때문입니다.

그리스도를 향하게 하는 성령의 도우심은 복음 사역자에게 더욱 중요합니다. 바울은 직무를 감당하며 말씀대로 살려고 노력했지만, 자신에게 남은 부패성 때문에 성공할 수 없었습니다. 그래서 그는 하나님께 은혜를 구했습니다.

하나님이 주신 직무를 감당하려고 애쓸수록 사역자는 자신의 무능함을 깨닫습니다. 그래서 하나님의 은혜를 구하게 됩니다. 이때 성령은 사역자가 필요로 하는 은혜가 그리스도 안에 있음을 깨닫게 하십니다. 그래서 그는 그리스도를 바라보게 됩니다. 그리고 그가 그리스도를 향해 더욱 갈망의 기도를 하도록 도우십니다.

자신의 능력이나 사역을 크게 생각하는 복음 사역자는 진정한 사역자가 아닙니다. 이들은 자신의 사역과 업적에 대해 높은 평가를 구합니다. 이렇게 교만한 마음을 가진 자들은 기도하지 않습니다. 기도한다 하더라도 성령의 도우심이 전혀 없는 형식적이고 위선적인 기도입니다.

진정으로 복음 사역을 감당하는 자들은 사도 바울처럼

고백할 수밖에 없습니다. "그러나 우리는 어떠한 것이든지 우리에게서 나온 것처럼 생각해 스스로 능력 있다고 생각하지 않는다. 우리의 능력은 오직 하나님께로부터 나온다"(고후 3:5, KTV). 연이어 사도 바울은 사역이 가능한 이유는 오직 성령이 역사하신 덕이라고 말합니다(고후 3:6).

진정으로 복음 사역을 감당하는 자는 자신의 능력 없음을 철저히 인정하게 됩니다. 오직 하나님의 은혜와 성령의 역사가 있어야 그 사역에 효과가 일어납니다. 성령께서는 사역자가 자신의 연약함과 무능함을 인정하고 깨닫게 하십니다. 그를 그리스도 안에 있는 은혜로 몰아가십니다.

기 도 합 시 다

1. 기도 속에서 나의 눈을 열어 그리스도의 소중함을 보게 하소서.
2. 기도 속에서 나의 죄로 인한 두려움과 주저함에서 보혈의 은혜로 나아가게 하소서.
3. 기도 속에서 그리스도의 은덕들의 소중함을 보게 하소서.
4. 기도 속에서 나의 교만을 꺾고 오직 그리스도를 붙잡게 하소서.

고.백. for PRAYER

당신의 은혜를 증가시키기 위해
기도의 수단을 주셨습니다.
당신의 은혜가 증가되도록
성령을 주셨습니다.
기도하지 않는다면
성령께서 당신의 은혜를 증가시키는
역사를 놓치는 것입니다.

_ 청교도 기도 모음집에서

13

은혜 위에 은혜를 더하시는 성령의 기도

+

너희 안에서 착한 일을 시작하신 이가
그리스도 예수의 날까지 이루실 줄을
우리는 확신하노라
빌립보서 1:6

성령께서는 그리스도 안에 있는 은혜를 신자들의 마음에 적용하시고(엡 1:13; 요 1:16), 그 은혜를 소멸되지 않게 하셔서(요일 2:27) 마지막까지 보존하십니다(딤후 1:14). 예수님은 "내가 그들에게 영생을 주노니 영원히 멸망하지 아니할 것이요 또 그들을 내 손에서 빼앗을 자가 없느니라"고 말씀하셨습니다(요 10:28). 성령께서 이 약속을 신자의 심령에 실제로 적용하시는 것입니다.

신자는 연약한 피조물로서 이해력이 부족하고, 약한 마음과 손을 가지고 있습니다. 마귀의 간계에 쉽게 속기도 합니다. 이 땅에서 살아가는 것은 부패의 바다에서 살아가는 것과 같습니다. 그럼에도 신자가 살아남을 수 있는 이유는 신자에게 있는 은혜를 보존하시는 성령의 도우심 때문입니다(갈 5:17).

특별히 신자가 기도할 때 이러한 성령의 역사는 강력해집니다. 신자의 기도 속에 역사하신 성령께서 은혜를 불일 듯 일게 하십니다(빌 2:13).

성령은 신자에게 자신의 부패성을 알리시고, 죄를 멀리하게 함으로써 그 심령과 은혜를 보전하십니다. 이사야 선지자는 백성들의 죄악은 물론이거니와 자신의 죄를 깨달았을 때 어찌할 바를 몰랐습니다(사 6:5). 그는 자신의 죄가 더럽고 추악함을 깨달은 후, 죄의 유혹에서 자신을 죽일 수 있었습니다.

이사야 선지자는 하나님의 은혜의 때가 되면 이 세상이 헛된 것으로 보일 거라고 말했습니다(사 55:2). 이 세상의 것들이 만족을 줄 수 없음을 깨닫게 될 거라고 말합니다. 이

것이 성령의 역사입니다. 성령은 신자에게 세상의 헛됨을 보게 해서 그 마음에 세상을 두지 않도록 하십니다. 즉 신자가 기도할 때 죄를 멀리하게 하셔서 그 은혜를 보존하는 것입니다.

성령은 신자가 영적으로 죽어 갈 때 그 심령을 다시 살리심으로 은혜를 보존하십니다. 아말렉이 다윗의 성읍을 침략해 사람들을 잡아가자(삼상 30:2), 백성들은 다윗을 돌로 치려고 했습니다. 침통하고 급박한 상황이었지만, 다윗은 여호와를 힘입어 용기를 얻었습니다(삼상 30:6). 어려운 일로 절망에 빠지는 가운데 성령의 도우심으로 다윗의 심령이 다시 살아난 것입니다. 시편 기자는 근심하면서 다음과 같이 기도드렸습니다.

"나의 탄식 소리로 말미암아 나의 살이 뼈에 붙었나이다
나는 광야의 올빼미 같고
황폐한 곳의 부엉이 같이 되었사오며
내가 밤을 새우니 지붕 위의 외로운 참새 같으니이다
내 원수들이 종일 나를 비방하며

내게 대항하여 미칠 듯이 날뛰는 자들이

나를 가리켜 맹세하나이다

나는 재를 양식 같이 먹으며

나는 눈물 섞인 물을 마셨나이다"(시 102:5-9).

시편 기자는 이렇게 탄식과 눈물로 기도를 시작했지만, 마지막에는 "주는 한결같으시고 주의 연대는 무궁하리이다 주의 종들의 자손은 항상 안전히 거주하고 그의 후손은 주 앞에 굳게 서리이다"라며 주를 찬송합니다(시 102:27, 28). 그는 기도 가운데 영적인 힘을 얻어 다시 소망을 찾은 것입니다. 다윗은 "내가 간구하는 날에 주께서 응답하시고 내 영혼에 힘을 주어 나를 강하게 하셨나이다"라고 찬송했습니다(시 138:3). 신자가 기도할 때 침체되는 영혼을 강하게 하시어 다시 살리시는 분이 성령이십니다.

기도했음에도 불구하고 어려운 상황이 계속될 때 기도를 지속하기란 쉽지 않습니다. 이때 성령께서 우리의 기도를 시간마다 지속하도록 도와주십니다(엡 6:18). 기도 응답이 더 딜지라도 기도를 계속하도록 도우십니다(시 22:2, 3). 성령은 소망을 일으키는 분이기 때문입니다(롬 15:13). 이것은 신자가 실망하여 은혜를 떠나지 않도록 하시는 성령의 사역에서 나오는 은혜입니다.

어려움 때문에, 그리고 주께서 들으실 것 같지 않아 기도를 포기하고 싶을 때 우리가 포기하지 않고 기도를 계속할 수 있는 것은 성령께서 보전하시는 은혜를 주시기 때문입니다. 예레미야 선지자는 이 은혜에 대해 "이것들이 아침마다 새로우니 주의 성실하심이 크시도소이다"라고 말했습니다(애 3:23).

신자들은 너무도 쉽게 영적인 것을 망각합니다. 마치 샘을 못 보고 헤맨 하갈과 같습니다(창 21:19). 따라서 성령은 신자들의 기억을 되살려 은혜로 나아오게 합니다(사 51:12, 13). 우리의 영혼을 부흥시켜 기도하게 하시고, 기도 가운데 생동감을 더하십니다. 마치 새로운 기름이 공급된 램프처럼 성령으로부터 새로운 은혜를 공급받은 심령은 더욱 활기차고 밝게 빛납니다. 하나님은 이사야 선지자를 통해 다음과 같이 말씀하셨습니다.

"나는 목마른 자에게 물을 주며

마른 땅에 시내가 흐르게 하며

나의 영을 네 자손에게,

나의 복을 네 후손에게 부어 주리니"(사 44:3).

성령을 부어 주신다고(outpouring) 말씀하는 것입니다. 하나님께서는 은혜의 계절, 부흥의 계절에(슥 10:1) 성령을 부어 주셔서 모든 영혼으로 갱신을 경험하게 하고, 영적인 능력을 회복할 것을 약속하셨습니다. 이렇게 자신의 백성과 교회를 보전하십니다.

성령은 기도하는 신자들의 마음과 정서에 영향을 주어서 해야 할 의무를 깨닫게 하십니다. 안디옥 교회의 교사들이 금식하면서 기도할 때 성령께서는 바나바와 사울을 구별해 선교사로 보내라고 지시하셨습니다(행 13:1-3). 성령께서 안디옥 교회 교사들의 정서에 영향을 주심으로 해야 할 일을 알리셨고, 교사들은 그 일에 순종했습니다.

이렇듯 성령은 신자가 해야 할 의무를 기도 속에서 깨닫게 하시고, 즉시 실행하게 하십니다(아 5:4). 그리고 어려운 일들을 감당할 수 있도록 도와주십니다(빌 4:13; 고후 3:8). 신자들로 하여금 무거운 짐을 기꺼이 지게 하시는 것입니다(고후 5:2).

성전을 건축하기 위해 바벨론에서 예루살렘으로 돌아간 자들은 성령에 의해 감동된 자들이었습니다(스 1:5). 폐허가 된 예루살렘에 성전을 재건하는 일은 세상의 상식으로 도무지 할 수 없는 일이었지만, 성령께서는 선택한 백성들의 마음을 움직이셔서 할 수 없는 일을 하게 하셨습니다. 기도하는 신자의 심령에 영향을 주셔서 그가 의무를 행하게 하신 것입니다(시 87:2; 전 9:10). 이것이 은혜를 보존하는 성령의 방식입니다(고전 9:16).

계속해서 기도할 때 은혜는 자라나고 신자는 더욱 성화됩니다. 성령은 기도를 통해 은혜를 강화하심으로 신자가 기도의 의무를 다하게 하시고, 다시 이 기도 가운데 은혜를 강화하셔서 다시 기도하게 하십니다. 이것이 성령께서 우리의 연약함을 도우시는 방법입니다(롬 8:26).

성령은 신자가 기도할 때 믿음의 눈을 강화시키십니다(고후 5:4). 그래서 기도 가운데 소망이 더욱 일어나는 것입니다. 성령께서 믿음과 소망을 강하게 해 주셔서 모든 어려움과 의심을 물리치게 하십니다(엡 3:16; 시 27:13, 14). 또한 신자의 기도 속에 역사하신 성령은 신자로 더욱 온유하고 인내하게 하십니다. 기도를 통해 은혜를 더욱 증가시키는 것입니다. 진정한 은혜는 반드시 열매 맺게 되어 있습니다(벧후 1:5-8).

따라서 기도는 신자에게 중요한 은혜의 수단입니다. 성령의 역사를 보다 실제적으로 체험하는 수단입니다. 그리고 성령이 도우시는 기도는 반드시 그 영혼에 영적 성장을 일으킵니다.

만약 어떤 교인이 기도를 오랫동안 해왔음에도 영적으로 성장하지 않았다면, 오히려 기도를 오래했다는 이유로 교만해졌다면, 그것은 성령의 역사가 아닙니다. 성령이 임하시면 그 역사가 강할수록 신자는 더욱 겸손해질 수밖에 없습니다. 성령의 강한 빛은 우리를 적나라하게 드러내서 우리 자신이 얼마나 역겨운 존재인지 알게 하시기 때문입니다(겔 36:27, 31; 딤전 1:15; 롬 7:14). 악한 영은 우리를 교만하게 만듭니다(딤전 3:6, 고전 8:1).

그러므로 자신의 기도 속에 과연 참된 성령의 역사가 있는지 스스로 확인해 보아야 합니다.

기 도 합 시 다

1. 기도 속에서 인내하지 못하는 나를 도우소서.
2. 기도 속에서 실망하는 나를 도우소서.
3. 기도 속에서 성령의 살리시는 역사를 맛보게 하소서.
4. 기도 속에서 심령이 강해지는 체험을 하게 하소서.

고.백. for PRAYER

주 안에서 상당히 담대해지고 확신이 크게 일어났다.
영적으로 하나님을 갈망하고 호흡하게 되었다.
내 영혼에서 그리스도의 왕국이 확장되어 가는 것을
확신할 수 있었다.

_ 데이비드 브레이너드의 일기에서

14

확신으로 이끄시는 성령의 기도

+

약속하신 그것을 또한
능히 이루실 줄을 확신하였으니
로마서 4:21

신자를 회심시키실 때 성령은 그 영혼에 구원의 확신을 주십니다. 그래서 신자는 하나님을 아바 아버지라 부르짖게 되고(롬 8:15), 외부적 어려움에도 개의치 않을 수 있습니다(살전 1:5). 그리고 성령은 구원의 은혜에 대한 확신뿐 아니라 신자의 기도 속에서도 확신을 주십니다.

아브라함은 도무지 바랄 수 없는 상황에서 하나님의 약속을 신뢰했습니다. 그리고 하나님의 약속을 끝까지 신뢰하는 가운데 성취에 대한 확신이 일어났습니다. 하나님은 약속하신 대로 아브라함에게 이삭을 주셨습니다.

예수님은 "너희가 내 안에 거하고 내 말이 너희 안에 거하면 무엇이든지 원하는 대로 구하라 그리하면 이루리라"고 말씀하셨습니다(요 15:7). 약속의 말씀을 끝까지 신뢰하면 응답에 대한 확신이 생기는 원리를 말씀하신 것입니다.

성령께서는 신자의 기도 가운데 약속을 상기시키실 뿐 아니라(요 14:26), 그 약속을 끝까지 신뢰하게 하시고, 약속을 반드시 이루시는 하나님에 대한 확신을 주십니다.

사도 바울은 로마 교회에 방문하기를 갈망하며 기도했습니다(롬 1:10). 그는 로마 교회를 가려고 여러 번 시도했지만 길이 열리지 않았습니다(롬 1:13). 그러나 바울은 계속해서 기도했습니다. 결국에 확신을 얻은 그는 다음과 같이 로마 교회에 편지를 보냈습니다.

"또한 내가 너희에게 가려 하던 것이 여러 번 막혔더니 이제는 이 지방에 일할 곳이 없고 또 여러 해 전부터 언제든지 서바나로 갈 때에 너희에게 가기를 바라고 있었

으니… 그러나 이제는 내가 성도를 섬기는 일로 예루살
렘에 가노니… 그러므로 내가 이 일을 마치고 이 열매를
그들에게 확증한 후에 너희에게 들렀다가 서바나로 가리
라"(롬 15:22, 23, 25, 28).

바울은 로마 교인들에게 보내는 편지 마지막 부분에서
그동안 그렇게 기도했던 로마 방문에 대해 확신하는 내용
을 포함시킨 것입니다.

바울 서신에는 이러한 확신들이 많이 있습니다. 고린도
교회에 보낸 편지에도 "그가 이같이 큰 사망에서 우리를
건지셨고 또 건지실 것이며 이 후에도 건지시기를 그에게
바라노라"고 했는데, 이는 어려움과 환란 속에서 하나님의
건지심을 확신하는 기도입니다(고후 1:10).

바울은 기도 가운데 성령께서 확신을 주시는 원리에 대
해 다음과 같이 말했습니다.

"아무 것도 염려하지 말고
다만 모든 일에 기도와 간구로,

너희 구할 것을 감사함으로 하나님께 아뢰라
그리하면 모든 지각에 뛰어난 하나님의 평강이
그리스도 예수 안에서
너희 마음과 생각을 지키시리라"(빌 4:6, 7).

여기서 우리는 기도의 원리들을 발견할 수 있습니다. 바울은 먼저 세상적인 염려와 육신적인 원리가 마음에 자리 잡지 못하게 하라고 말합니다. 이들은 심령을 망가뜨리기 때문입니다. 다음으로 그는 개인적이든 교회적이든 국가적이든 사회적이든 관계없이 모든 일에 대해 구하라고 말합니다.

그리고 바울은 기도하는 신자에게 주시는 영적 은혜를 설명합니다. 바울은 성령께서 평안함과 영적 이해력을 주시며 심령을 흔들리지 않게 보호하신다고 말합니다. 즉 성령께서 흔들리지 않는 확신을 주시는 것입니다. 그 확신으로 인해 신자는 하나님의 선하신 섭리를 의심하지 않을 수 있습니다. 이것이 성령께서 신자의 기도 가운데 확신을 주시는 방법과 목적입니다.

아이가 없어서 괴로워하던 한나는 기도 중에 제사장의 축복의 말씀을 듣고 근심이 사라졌습니다(삼상 1:18). 즉 기도 응답에 대한 확신을 가진 것입니다. 한나는 결국 임신을 했고, 아들을 낳았으며, 이 기도를 기억해 아들의 이름을 사무엘이라 지었습니다.

이렇듯 성령께서 기도 속에 역사하셔서 확신을 주실 때 신자에게는 영적 만족이 일어납니다. 기도가 응답되기도 전에 신자의 마음에서 근심이 사라지는 이유는, 기도의 궁극적 목적이 기도 응답에 있는 것이 아니라 하나님의 선하심을 깨닫고 하나님을 기뻐하는 것이기 때문입니다.

시편 중에는 원망이 가득 담긴 기도들이 있습니다. 그러나 그러한 시편들도 마지막은 감사의 기도로 마무리됩니다. 예를 들어 시편 22편을 보면 다음과 같습니다.

"내 하나님이여 내 하나님이여
어찌 나를 버리셨나이까
어찌 나를 멀리 하여 돕지 아니하시오며
내 신음 소리를 듣지 아니하시나이까

내 하나님이여 내가 낮에도 부르짖고

밤에도 잠잠하지 아니하오나

응답하지 아니하시나이다…

내가 주의 이름을 형제에게 선포하고

회중 가운데에서 주를 찬송하리이다"(시 22:1, 2, 22).

신자가 원망으로 시작한 기도를 감사로 마칠 수 있는 것은, 기도 가운데 도우시는 성령으로 말미암아 하나님의 속성을 더욱 깨닫고, 믿음 또한 더욱 확고해지기 때문입니다.

성령은 기도하는 신자에게 약속의 말씀을 생각나게 하시고, 약속을 끝까지 신뢰하도록 도우십니다. 그리고 이는 하나님에 대한 확신으로 이어집니다. 또한 성령은 신자의 포기하지 않는 기도 속에서 확신을 주십니다. 하나님의 때를 알게 하시고, 확신을 얻은 신자는 그 응답을 담대히 선포하게 됩니다.

하나님은 그분의 섭리를 위해 성령을 통해 확신을 주시기도 합니다. 신자가 기도 가운데 하나님의 섭리를 알아차리고, 하나님의 뜻을 깨달아서 확신을 얻는 것은 성령의 역사에 의한 것입니다. 신자는 기도 속에서 이러한 은덕들을 누려야 합니다.

기 도 합 시 다

1. 나의 기도 가운데 약속의 말씀을 끝까지 붙잡게 하소서.
2. 나의 기도 속에서 하나님의 특별한 섭리들을 깨닫게 하소서.
3. 나의 기도 속에서 하나님의 위대한 일들을 알게 하소서.
4. 나의 기도 속에서 성령의 확신을 체험케 하소서.

3 PART

성령으로 구하고 경험하라

고난 때문에 기도하기 어려울 때
유혹에 빠져 기도하기 힘들 때
산만해 기도에 집중할 수 없을 때
은사와 은혜의 구별이 필요할 때
은사로서의 기도가 필요할 때
우리를 위한 성령의 은혜
교회가 성령을 구해야 하는 이유

고.백. for PRAYER

기도하는 중에 주께서
나를 위해 행하신 모든 일과
최근 내적으로 시련을 받고
괴로워했던 모든 일로 인해
하나님을 더욱 찬양하게 되었다.
내 자신이 달콤한 기쁨으로
소생하게 되었음을 깨달았다.

_ 데이비드 브레이너드의 일기에서

15

고난 때문에 기도하기 어려울 때

+

내가 환난 중에
여호와께 부르짖었더니
내게 응답하셨도다
시편 120:1

고난을 당한 신자의 반응은 여러 가지입니다. 낙심과 절망에 빠지기도 하며, 자포자기의 상태에 이르기도 합니다. 다른 한편으로는 사람들의 도움을 구합니다.

앗수르 군대가 이스라엘을 공격했을 때 이스라엘은 돈을 지불하고 애굽의 군사들을 데리고 왔습니다. 하나님은 이러한 방식을 미워하셨습니다. 하나님께 구하지 않았으며, 인간적인 지혜를 동원했기 때문입니다(사 31:1-4).

고난을 당한 신자의 가장 합당한 태도는 주께로 나아와 기도하는 것입니다. 니느웨로 가지 않기 위해 도망을 가다가 물고기 배 속에 떨어진 요나는 기도했습니다. 그는 자신의 심령을 낮추고, 이 고난은 자신의 불순종으로 야기되었음을 인정했습니다. 요나는 오직 주님에게로 나아가 기도하는 방법밖에 없음을 알았습니다. 그리고 전능하신 하나님께서 능력으로 건져 주시기를 기도했습니다. 기도를 시작한 요나는 고난 가운데 부르짖는 기도를 하나님께서 들으신다는 확신을 얻었습니다.

"요나가 물고기 뱃속에서 그의 하나님 여호와께 기도하여 이르되 내가 받는 고난으로 말미암아 여호와께 불러 아뢰었더니 주께서 내게 대답하셨고 내가 스올의 뱃속에서 부르짖었더니 주께서 내 음성을 들으셨나이다"

(욘 2:1, 2).

고난에 처했을 때 드리는 기도를 통해 진정한 하나님의 백성과 위선자를 구별할 수 있습니다. 위선자는 고난을 당하면 하나님과 멀어집니다. 그들은 고난으로 인해 마음이 더욱 강퍅해지고, 죄의 유혹을 받아 자신의 심령을 지옥처럼 만듭니다(히 3:12, 13). 그래서 하나님의 진노를 불러일으킵니다(욥 36:13).

그러나 하나님의 진정한 백성에게 고난은 약과 같아서 죄의 습관들을 버리게 합니다. 고난에 처한 진정한 신자는 하나님의 말씀에 더욱 주의를 기울이고, 말씀대로 살려고 애쓰는 영적 성질이 더욱 증가됩니다(롬 10:14). 그리고 고난을 극복하기 위한 은혜의 필요성을 깨닫습니다. 그 은혜를 얻기 위해 은혜의 보좌 앞으로 담대히 나아갑니다(히 4:16). 진정한 신자는 성령의 도우심을 받아 은혜를 얻기 위해 기도하는 자입니다.

따라서 고난을 당할 때 우리는 기도의 장소로 나아가야 합니다. 사람의 도움을 얻으려 하기보다, 어떤 상황에서도 도우실 수 있는 하나님께 나아가야 합니다. 실망하고 절망하기보다 성령의 도우심을 구해야 합니다.

기도의 시작은 성령의 도우심을 구하는 것입니다. 성령

의 도우심으로 먼저 자신의 죄를 인정하고, 오직 하나님의 은혜를 간청해야 합니다. 그리고 성령의 도우심으로 은혜를 베푸시는 하나님의 속성을 깨닫고 그것에 따라 기도해야 합니다.

소낙비처럼 쏟아지는 고난을 극복하는 방법은 간절한 기도입니다. 그런데 간절한 기도는 신자의 능력과 힘으로 되는 것이 아닙니다. 오직 기도의 영이신 성령의 부어짐이 있어야 합니다. 성령이 신자의 심령에 부어짐으로써 신자는 하늘 보좌 앞에 나아갈 수 있습니다.

사도 바울과 일행은 아시아에서 극심한 환란을 당했습니다. 고난이 얼마나 극심했는지 도무지 감당할 수 없었습니다. 심지어 살 소망까지도 끊어졌다고 말했습니다. 바울은 부르짖는 기도와 성령의 역사만이 고난을 이기게 함을 알았습니다. 그래서 부르짖는 기도를 통해 극심한 환난에서 건짐을 받았다 말하고, 또한 장래에도 건짐을 받을 것이라는 확신을 가졌습니다.

"형제들아 우리가 아시아에서 당한 환난을 너희가 모르

기를 원하지 아니하노니 힘에 겹도록 심한 고난을 당하여 살 소망까지 끊어지고… 이는 우리로 자기를 의지하지 말고 오직 죽은 자를 다시 살리시는 하나님만 의지하게 하심이라 그가 이같이 큰 사망에서 우리를 건지셨고 또 건지실 것이며 이 후에도 건지시기를 그에게 바라노라"(고후 1:8-10).

덧붙여 바울은 고린도 교인들을 향해 기도로 도와 달라고 요청했습니다(고후 1:11). 신자들의 간구를 통해 하나님께서 고난 가운데 있는 바울과 그 일행에 대해 은혜를 베푸실 것을 확신했기 때문입니다.

어려움이 극심하게 몰려올 때 신자는 기도의 장소로 나와 성령의 도우심을 구해야 합니다. 사람의 힘으로는 부르짖는 기도를 할 수 없습니다. 오직 성령의 도우심을 입어야 부르짖어 기도할 수 있습니다. 성령께서는 하나님의 은혜의 소중함을 깨닫게 하시고, 하나님만 의지하도록 도울 것입니다.

성령의 도우심으로 기도하는데도 응답이 곧바로 오지 않을 때가 있습니다. 이때 신자는 영적으로 피곤함을 느끼고, 기도를 포기하려는 마음을 가지기도 합니다. 의심과 회의에 빠질 수도 있습니다.

예수님의 제자들은 더러운 영 들린 소년을 고치지 못했습니다. 나중에 예수님께서 소년을 고치시자 제자들은 어찌해 자신들은 더러운 영을 쫓아내지 못했는지 물었습니다. 예수님은 "기도 외에 다른 것으로는 이런 종류가 나갈 수 없느니라"고 대답하셨습니다(막 9:29).

귀신 들린 딸이 있는 가나안 여인이 예수님께 나아와 간청했습니다. 예수님의 거절에도 불구하고 가나안 여인은 포기하지 않았습니다. 가나안 여인은 "개들도 제 주인의 상에서 떨어지는 부스러기를 먹나이다"라고 대답했습니다(마 15:27). 다시 말해 자신은 결코 주님 외에 다른 방법이 없으며, 주인의 상에서 부스러기가 떨어질 때까지 구하겠다는 뜻입니다.

주님의 응답이 지연되는 듯한 상황에서 실망하고 좌절할 때 성령께서는 우리가 기도를 포기하지 않도록 도우십니다. 그래서 성령은 생명의 샘물입니다. 신자로 기도를 지속할 수 있도록 도우시기 때문입니다.

다윗은 환란 가운데 드리는 기도 속에서 힘을 주시는 여호와를 다음과 같이 찬양했습니다.

"내가 간구하는 날에 주께서 응답하시고
내 영혼에 힘을 주어 나를 강하게 하셨나이다"(시 138:3).

성령께서 신자의 기도를 도우실 때, 기도에 간절함이 더해집니다. 신자의 마음을 은혜로우신 하나님께 쏟아 붓도록 만듭니다. 이스라엘의 부패를 한탄하던 미가 선지자는 어떤 인생도 의지하지 않을 것이며, 오직 여호와를 계속 바라보며 구원하시는 하나님을 기다릴 것이라고 고백했습니다(미 7:7). 환란의 시대에 그는 오직 신실하시고 실제적인 구원을 이루시는 하나님께 그 심령을 쏟아 붓는 기도를 드린 것입니다.

주께서 사랑하는 자들로 고난 가운데 간절함을 더하게 하시는 것은 결국 응답하시기 위함입니다. 바로의 혹독함으로 인해 이스라엘이 하나님께 부르짖자, 하나님은 그들의 고통을 들으시고 돌아보셨습니다(출 2:23-25).

고통 가운데 드리는 간절하고 신실한 기도를 하나님은 들으시고 응답하십니다(시 19:11; 눅 18:8). 하나님은 사랑하시는 자들로 여호와의 얼굴을 찾고 구하게 만드십니다. 이것은 하나님의 영원하신 선하심의 표시입니다(눅 18:7).

사탄은 신자가 고난을 더욱 극심하게 느끼도록 만들어서 신자를 그리스도로부터 멀어지게 합니다. 사탄은 신자가 주께서 기도를 들으시지 않는다는 의심에 휩싸이게 만들고, 낙심하게 만듭니다. 신자가 은혜의 보좌 앞에 나오지 못하도록 방해하는 것입니다.

그러나 성령은 신자들을 도와서 기도의 자리로 인도하시며, 오직 주 외에 다른 방법이 없음을 깨닫게 하십니다. 신자가 끝까지 주를 의지하고 기도하도록 도와주십니다.

그러므로 기도를 포기해서는 안 됩니다. 포기하지 않는 기도를 통해 믿음의 진정성이 드러나고 소망의 간절함이 분명해집니다. 고난에 지쳐 기도에 확신을 잃고 기도를 포기하고픈 마음이 들 때, 성령의 도우심을 따라 기도 외에 다른 방법이 없음을 보고 계속해서 기도 가운데 머물러야 합니다.

기 도 합 시 다

1. 어려움을 당할 때 기도의 장소로 가도록 도우소서.
2. 어려움을 당할 때 낮은 심령으로 기도할 수 있도록 도우소서.
3. 고난 가운데 성령을 부어 주셔서 부르짖게 하소서.
4. 고난 가운데 끝까지 기도할 수 있도록 도우소서.

고.백. for PRAYER

기도는 유혹에 대한 최고의 해독제이다.

_ 토마스 왓슨 Thomas Watson

16

유혹에 빠져
기도하기 힘들 때

+

이 집에는 나보다 큰 이가 없으며
주인이 아무것도 내게 금하지 아니하였어도
금한 것은 당신뿐이니 당신은 그의 아내임이라
그런즉 내가 어찌 이 큰 악을 행하여
하나님께 죄를 지으리이까
창세기 39:9

요셉은 보디발의 아내에게 유혹을 받았지만, 그 유혹을 단호히 거절했습니다. 유혹에 지는 것은 죄이며, 하나님께 큰 악을 행하는 것임을 알았기 때문입니다. 반면 베드로는 유혹에 져서 죄를 지었습니다(마 26:69-75). 여종 앞에서 예수님을 부인한 것입니다. 예수님은 미리 시험에 들지 않게 깨어 기도하라고 하셨지만(마 26:41), 그는 기도하지 않았고 결국 죄를 지었습니다.

신자들은 이 세상에서 날마다 죄에 대한 유혹을 받습니다. 이때 신자가 성결에 대한 생각으로 충만하면 유혹을 극복할 수 있지만, 그렇지 못하면 유혹에 져서 죄를 짓게 됩니다. 신자의 마음에 하나님의 거룩하심에 대한 생각들을 크게 일으키시는 분이 성령이십니다. 성령은 신자의 기도 가운데 거룩한 생각들을 증진시켜서 유혹을 극복하게 하십니다.

신자는 매일 세상과 마귀들로부터 유혹을 받습니다. 세상에는 하나님을 배제하고 대적하는 모든 문화와 세계관과 사상들이 포함됩니다. 세상은 신자들로 하여금 하나님을 잊어버리게 만들고, 하나님을 떠나서 생각하고 행동하게 만듭니다.

예수님은 자기 백성의 구원에 대해 세상에서 택해 구별하셨다고 말씀하셨습니다. 신자는 세상의 원리를 따라 살아갈 수 없으며, 세상과 구별되는 거룩한 삶을 살아야 한다고 말씀하시는 것입니다(요 15:19). 사도 요한도 신자가 세상의 원리와 세상이 추구하는 것을 따라갈 수 없음을 말합니다.

"이 세상이나 세상에 있는 것들을 사랑하지 말라 누구든지 세상을 사랑하면 아버지의 사랑이 그 안에 있지 아니하니 이는 세상에 있는 모든 것이 육신의 정욕과 안목의 정욕과 이생의 자랑이니 다 아버지께로부터 온 것이 아니요 세상으로부터 온 것이라"(요일 2:15, 16).

이렇게 신자는 세상과 구별된 삶을 살아야 하는데, 그렇다고 세상을 떠나 살 수도 없습니다. 그래서 신자는 사는 동안 세상으로부터 받는 유혹들과 싸우면서 기도할 수밖에 없습니다. 세상의 유혹은 성난 파도와 같이 매일 일어납니다. 이것이 예수님께서 제자들에게 "우리를 시험에 들게 하지 마시옵고 다만 악에서 구하시옵소서"라고 매일 기도하도록 가르치신 이유입니다(마 6:13).

시대가 악할수록 더욱 기도가 필요합니다. 악한 세상에서 살아가는 신자는 주위 사람들의 죄악들로 인해 영적으로 무뎌지게 되며 유혹을 받습니다. 이사야 선지자는 이스라엘 백성들의 죄악 때문에 하나님 앞에서 기도했습니다(사 6:5). 예레미야 선지자는 하나님의 말씀을 듣지 않는 이스라엘의 교만으로 인해 기도했습니다.

"너희가 이를 듣지 아니하면
나의 심령이 너희 교만으로 말미암아
은밀한 곳에서 울 것이며
여호와의 양 떼가 사로잡힘으로 말미암아
눈물을 흘려 통곡하리라"(렘 13:17).

하나님은 이스라엘의 죄악된 모습을 경고하시며, 그러나 그 가운데 하나님의 진정한 백성이 남아 있는데 그들은 시대의 죄악된 모습에 대해 신음하면서 기도하는 자들이라고 하셨습니다.

"여호와께서 이르시되
너는 예루살렘 성읍 중에 순행하여
그 가운데에서 행하는 모든 가증한 일로 말미암아
탄식하며 우는 자의 이마에 표를 그리라 하시고"(겔 9:4).

죄악된 시대에서 진정한 하나님의 백성은 기도하게 되어 있습니다. 하나님께서는 신자들의 기도에 귀를 기울이십니다. 신약 시대에도 마찬가지입니다. 성경은 특히 거짓 선생들이 크게 일어나서 배교가 일어나는 그때에도 기도하는 신자들이 있음을 전합니다.

"무법한 자들의 음란한 행실로 말미암아 고통 당하는 의로운 롯을 건지셨으니 (이는 이 의인이 그들 중에 거하여 날마다 저 불법한 행실을 보고 들음으로 그 의로운 심령이 상함이라)"(벧후 2:7, 8).

신자는 세상의 죄악에 무뎌지지 않도록 기도해야 합니다. 우리의 사상 속에서 하나님에 대한 생각들이 사라지지 않도록, 우리의 마음에 하나님에 대한 사랑이 식어지지 않도록 세상의 유혹에 맞서 기도해야 합니다(마 24:12). 경건한 신자들의 기도를 통해 하나님은 그의 백성들을 시험에서 건지시고 마지막 날까지 지켜 주신다고 약속되어 있습니다(벧후 2:9).

세상의 유혹으로 인해 하나님에 대한 사랑이 식지 않도록 신자들의 기도 가운데 일하시는 분이 성령이십니다. 신자는 마귀의 유혹과 공격을 받습니다. 성경은 이러한 마귀의 공격에 대해 "우리의 씨름은 혈과 육을 상대하는 것이 아니요 통치자들과 권세들과 이 어둠의 세상 주관자들과 하늘에 있는 악의 영들을 상대함이라"고 말씀합니다(엡 6:12). 마귀의 유혹 방법에 대해서는 "마귀가 우는 사자 같이 두루 다니며 삼킬 자를 찾나니"라고 말합니다(벧전 5:8).

마귀는 유혹의 화살을 신자의 심령에 쏟아 부어서 육신의 부패된 심령을 불일 듯 일으킵니다. 신자가 마귀의 유혹에 저항하기 위해 기도드릴 때 성령은 죄의 비참한 결과와, 유혹에 넘어가는 일은 하나님을 대적하는 행동임을 알게 하십니다. 그래서 신자가 유혹을 극복하고 피하게 하십니다. 한편으로는 마귀의 궤계를 더욱 분명히 알게 하셔서 속지 않도록 도우십니다(고후 2:11).

그러나 신자가 기도하지 않는다면, 그 마음이 얼마나 쉽게 세상에 정복되는지 모릅니다. 그 사상에 하나님의 거룩하심이 얼마나 쉽게 상실되는지 모릅니다. 기도하지 않는 신자는 세상의 원리에 심령이 정복되어서 세상 사람처럼 살아가게 됩니다. 기도를 게을리하면 세상과 마귀의 원리가 심령에 자리 잡게 됩니다. 그는 너무나 쉽게 죄를 지으며, 때로는 그러한 죄를 반복합니다. 나중에는 죄에 대해 무뎌집니다.

그러므로 신자는 외부의 유혹을 만났을 때, 기도하는 곳으로 들어가 성령의 도우심을 얻어야 합니다. 성령의 도우심으로 그 심령에 거룩한 성질과 원리를 강하게 일으켜야 합니다(엡 5:15). 그래야 세상과 마귀의 유혹을 극복할 수 있습니다.

기 도 합 시 다

1. 유혹을 만날 때 곧바로 기도할 수 있도록 도와주소서.
2. 세상과 마귀의 원리에 정복당하지 않도록 기도를 쉬지 않게 하소서.
3. 기도 가운데 성령의 역사로 거룩을 크게 사모하게 하소서.
4. 기도 가운데 마귀의 궤계를 분명히 깨닫고 저항하게 하소서.

고.백. for PRAYER

우리는 혼란스러운 생각들로
어지럽게 기도하고,
그럴 때 하나님은 멀리 떨어져 계시며
우리는 하나님이 없다고 느낀다.

_ 휴그 비닝 Hugh Binning

17

산만해
기도에 집중할 수 없을 때

+

내 마음이 어지럽고 두려움이 나를 놀라게 하며
희망의 서광이 변하여 내게 떨림이 되도다
이사야 21:4

바벨론에 대한 환상을 본 이사야 선지자는 그 마음이 어지러워지고, 한편으로는 두려움으로 가득 차는 것을 경험했습니다. 신자는 기도하면서도 집중이 안 되고 마음이 산만해, 마치 길거리를 방황하듯 초점 없는 기도에 빠질 수 있습니다. 신자가 산만한 기도에 빠지지 않기 위해서는 우선 원인을 알아야 합니다. 그리고 치료책을 구해야 합니다.

신자가 산만한 기도에 빠지는 첫 번째 원인은 사탄이 혼동의 생각들로 유혹하기 때문입니다. 그래서 신자는 기도에 집중하지 못하고, 여러 생각에 잠겨 결국 기도하지 못하게 됩니다.

사도 바울이 친구들과 기도하러 가는데 귀신 들린 여종 하나가 쫓아오면서 소리를 질렀습니다. 그 여종은 이러한 일을 여러 날 계속했습니다. 이 일로 바울은 심령이 매우 괴로운 상태에 이르렀습니다(행 16:16-18). 사탄은 귀신 들린 여종을 도구로 기도하는 바울을 공격한 것입니다.

사탄은 신자가 기도할 때 이러한 공격으로 신자의 마음을 어지럽히고, 그래서 그가 산만한 기도를 하게 만듭니다. 따라서 산만한 기도에 빠지지 않으려면, 기도를 시작할 때부터 성령의 도우심을 구해야 합니다. 성령께서 하나님의 뜻을 분명히 알게 해 우리가 집중하여 기도할 수 있도록 간구해야 합니다.

신자가 산만한 기도에 빠지는 두 번째 원인은 아직도 남아 있는 부패된 심령 때문입니다. 신자가 기도 가운데 있음에도 불구하고 인간적 생각들이 마음을 지배하는 경우가 있습니다. 영적인 것을 추구하기보다 인간적인 목적과 성취를 구하는 마음이 우세하면, 이로 인해 기도가 방황하게 됩니다.

신자가 두 마음을 품고 기도하면 기도가 산만해지고, 그 심령은 방황하게 됩니다. 영적인 의무 가운데 하나인 기도가 거룩한 수단의 본질에서 벗어나는 것입니다. 기도 가운데 육신의 생각들을 제어하는 것은 오직 성령만이 하실 수 있습니다(롬 8:13). 탐욕의 마음과 거짓된 마음들이 기도 가운데 억제되도록 성령의 도우심을 기도해야 합니다.

셋째로 신자가 기도하지만 그 마음에 세상의 걱정들이 가득할 때, 산만한 기도에 빠집니다. 이러한 심령은 기도에 적합하지 않고 준비되지 않은 상태입니다. 믿음이 없으며, 기도의 목적을 이해하지 못한 경우입니다. 기도의 중요한 목적은 하나님의 뜻을 깨닫는 것입니다. 하나님 앞에 하나님의 뜻을 찾고 구하는 것이 기도인데, 산만한 기도를 한다는 것은 하나님의 뜻보다는 자신의 뜻을 이루고자 하는 마음이 더욱 많다는 뜻입니다.

세상적인 마음이 가득한 상태에서는 결코 올바른 기도를 드릴 수 없습니다. 그러므로 성령께서 우리의 흐트러진 심령을 질서 있는 심령으로 만들어 주시기를 기도해야 합니다. 산만한 기도에서 벗어나 하나님의 뜻을 찾는 데 집중하고, 하나님을 믿지 못하는 마음과 세상적인 마음을 제거하기 위해 성령의 도우심을 구해야 합니다.

신자의 기도를 산만하게 만드는 네 번째 원인은 현재 상태에 만족하지 못하기 때문입니다. 요나는 현재 상태에 대해 만족하지 않았습니다. 따라서 그의 기도는 불평과 원망으로 가득 찼고, 결국 하나님의 뜻에서 멀어진 기도를 드렸습니다(욘 4:8). 라헬의 불평하는 마음은 계속되는 시기와 싸움을 일으켰습니다(창 30장). 불평하는 마음은 하나님의 뜻에 굴복되지 않았다는 증거입니다.

불평하는 마음은 신자 자신에게도 해롭습니다. 불평하는 마음의 뿌리에는 불신앙이 있기 때문입니다. 그래서 불평하는 마음으로 드리는 기도는 폭풍우가 크게 일어난 바다에 자신을 던지는 것과 같습니다. 이러한 상태에서 기도를 드리면, 이리 구르고 저리 구르는 것 같은 혼돈스러운 기도가 됩니다.

따라서 산만한 기도에 빠지지 않기 위해서는 주께서 베푸신 은혜를 깨달을 수 있도록 성령의 도우심을 구해야 합니다. 성령이 주의 은혜를 알게 하심으로 그 심령을 감사로 채우실 것입니다.

산만한 기도에 빠지는 다섯 번째 원인은 분노와 슬픔, 두려움과 욕망이 심령을 지배하기 때문입니다. 이러한 상태에서는 마음이 질서 없이 격정적인 생각들로 지배를 당합니다. 이때 신자는 성급한 기도를 하게 되며, 적합하지 않은 언어로 기도하게 됩니다.

죽어가는 딸을 살리려 예수님을 찾은 야이로에게 집에서 사람이 와 딸이 이미 죽었으니 그분을 번거롭게 하지 말라고 말했습니다. 그러나 예수님은 그에게 두려워하지 말고 믿으라 말씀하셨습니다(눅 8:50, 51). 야이로의 집에 도착해 통곡하는 사람들을 보신 예수님은 베드로와 요한과 야고보와 아이의 부모 외에는 절대 집에 들어오지 못하도록 막으셨습니다(눅 8:51). 많은 사람들이 통곡하는 상황은 기도에 전혀 도움이 되지 않기 때문입니다.

비정상적인 정서 상태는 영혼에 있어서 질병과도 같습니다. 이러한 상태에서 드리는 기도는 산만해질 수밖에 없습니다. 격정적인 심령에서 벗어날 수 있도록 성령의 도우심을 구해야 합니다.

산만한 기도에 빠지는 여섯 번째 원인은 잘못된 교리를 가지고 환상적 기도를 하는 경우입니다. 마치 자신의 상상력으로 꿈꾸듯 하는 기도입니다. 자기 생각으로 상황을 합리화시키는 기도가 여기에 해당됩니다. 이런 기도를 드리는 자들은 때때로 기도를 오래하는 것으로 자신을 드러내려 합니다.

가룟 유다는 오류에 빠져 그리스도를 따라 다녔습니다. 그는 그리스도를 따르면서 헛된 꿈을 꾸었습니다. 신자가 오류를 가지고 자신의 꿈을 위해 기도하면 산만한 기도에 빠집니다. 이는 상상력에 의한 방황하는 기도에 불과합니다. 산만한 기도 속에서 신자의 심령은 정함이 없습니다.

이는 벨리알이 마음을 혼미하게 만드는 것입니다(고후 6:15).

신자는 여러 가지 원인들로 인해 산만한 기도에 빠집니다. 성령께서 기도 가운데 심령을 질서 있게 하시고, 거룩한 열망이 일어나게 도우셔야 산만한 기도를 피할 수 있습니다. 성령은 더 나아가 우리의 마음과 생각을 지키셔서 산만한 기도를 극복하게 하십니다(빌 4:7).

기 도 합 시 다

1. 나의 산만한 기도의 원인들을 알게 하소서.
2. 나의 기도가 혼동에 빠지지 않도록 도우소서.
3. 나의 심령이 적절하지 못한 감정들에 사로잡히지 않도록 도우소서.
4. 나의 기도가 오류에 지배되지 않게 하소서.

고백. for PRAYER

주여, 나로 주께서 맡기신 일들을 감당하게 하소서.
은사를 주셔서 감당할 수 있게 하소서.
나의 영혼을 새롭게 하소서.
내가 모든 어려움을 견디게 하시고
수고하게 하소서.
그리스도의 이름을 위해 기꺼이 고통받게 하소서.

_ 청교도 기도 모음집에서

18

은사와 은혜의 구별이 필요할 때

+

이 모든 일은
같은 한 성령이 행하사
그의 뜻대로 각 사람에게
나누어 주시는 것이니라
고린도전서 12:11

신자는 기도하는 가운데 성령의 은사를 받습니다. 하지만 마치 성령께서 직접 기도의 말을 주시는 것으로 생각해서는 안 됩니다. 기도하다 성령으로 감화받았다며 자랑하거나, 하나님의 음성을 직접 들은 것처럼 행동해서는 안 됩니다.

신자에게는 이미 성령의 감동으로 기록된 하나님의 말씀

이 있습니다. 하나님의 말씀을 무시하는 태도는 매우 위험합니다. 예수님께서는 보혜사 성령을 보내 주실 것을 약속하시며, 성령의 사역을 다음과 같이 설명하셨습니다.

> "보혜사 곧 아버지께서 내 이름으로 보내실 성령 그가 너희에게 모든 것을 가르치고 내가 너희에게 말한 모든 것을 생각나게 하리라"(요 14:26).

성령의 사역은 새로운 계시를 주시는 게 아닙니다. 예수님께서 사도들에게 '가르쳐 주신 것'을 '기억 나게' 하시는 것입니다. 따라서 먼저 '가르침'이 있어야 합니다. 기억 나게 하신다는 것은 이미 내 안에 가르침이 있음을 전제합니다. 예수님은 "마땅히 할 말을 성령이 곧 그 때에 너희에게 가르치시리라"고 말씀하셨습니다(눅 12:12).

그러므로 기도 가운데 성령의 역사를 구하기 위해서는 먼저 하나님의 말씀에 대한 가르침을 받아야 합니다(롬 15:4; 사 59장). 성령께서 하나님의 말씀을 배제하고 새로운 계시를 주시는 것처럼 이해해서는 안 됩니다.

성령의 은사는 성령의 은혜와 구별됩니다. 성령의 은혜는 하나님의 선택적인 구원의 은혜를 의미하며, 성령의 은사는 교회의 교제 안에서 성취하는 일시적인 역할입니다.

구원의 은혜가 없어도 성령의 은사는 있을 수 있습니다(히 6:4-6). 사울과 가룟 유다가 이런 경우에 해당됩니다. 사울은 구원의 은혜는 없지만 왕의 직무를 수행하도록 은사가 주어졌습니다. 가룟 유다 역시 구원의 은혜는 없었지만 사도의 직무를 수행하도록 다른 사도들과 함께 은사를 받았습니다. 성령의 은혜는 사라지지 않지만, 성령의 은사는 일시적으로 주어졌다 기능을 다하면 제거되기도 합니다.

성령의 은사는 일반적인 은사와 예외적인 은사로 구별되는데, 성령께서 역사하시는 정도에 따라 차이가 생깁니다. 예외적인 은사는 사도들의 표식이었습니다. 이는 사도들의 사역이 하나님께로부터 나옴을 증거했습니다. 성령의 은사들은 우리의 자연적 능력과 기능을 뛰어 넘어 영적인 능력들을 향상시킵니다.

일반적 은사는 교회에서 의무를 수행하기 위해 필요한, 가치 있는 것들입니다. 신자는 이러한 은사 없이 목회 사역

또는 의무를 감당할 수 없습니다. 특히 청교도 신학자인 존 오웬은 사역에 있어서 3가지 은사가 필요하다고 말합니다.

그는 첫째, 지혜와 지식의 은사가 필요하다고 말합니다. 이 은사로 성경의 목적과 범위를 이해하며, 진리의 교리적 체계를 깨닫고, 영적인 것들을 판단합니다. 둘째, 성경을 옳게 분변하는 기술이 필요합니다. 이로써 성경의 지식으로 사람을 이해해 어떻게 올바르게 말씀을 적용할지 분별합니다. 이 은사를 통해 사람들의 삶 속에서 역사하시는 하나님의 사역 패턴을 이해하고, 유혹의 성질과 심지어 영적 질병에 대한 이해를 갖습니다. 셋째, 성령의 강력한 임재에 대한 깨달음입니다. 이를 통해 마음이 더욱 확장되고 담대해져 자신 있게 선포하게 됩니다. 이 은사는 예배 가운데 사역자로 권위 있게 서게 합니다.[2]

성령은 자신이 원하시는 대로 필요에 따라서 각 사람에게 은사를 수여하십니다(고전 12:8-11). 물론 이러한 은사는 신자가 그 의무를 담당하고자 할 때 주시는 것입니다(잠

---

[2] 존 오웬, 저작전집 4권 참조.

10:29). 성령의 이러한 역사는 특히 신자가 사역을 위해 기도할 때 더욱 경험할 수 있습니다. 성령께서는 교회 사역을 위해 신자들에게 은사들을 주시기 때문입니다.

바울은 사역을 위해 은사를 구하라고 말했습니다(고전 12:31). 로마서 12장 6절도 직무의 수행을 위해서 은사가 주어짐을 말하고 있습니다. 직무의 다양성과 상이성으로 인해 은사는 여러 가지로 다양하게 주어집니다. 결국 신자들은 자신이 감당해야 할 직무를 위해서 은사를 구해야 합니다. 성령은 신자의 기도 가운데 은사를 수여하십니다.

은사를 받은 자들은 은사를 올바르게 사용해야 합니다. 은사로 인해 교만해서는 안 됩니다. 은사는 성령의 일반 사역 가운데 기능적으로 주어진 것임을 기억하고, 은사가 곧 자신의 영적 상태나 신분이 아님을 알아야 합니다.

무엇이든지 받은 은사는 하나님을 위해 사용해야 합니다(고전 12:7). 젊어서 음악의 은사를 받은 다윗은 음악의 은사를 받은 자들에게 성전 봉사를 할 것을 명령했습니다. 바울은 그가 받은 지식의 은사를 아덴에서 사용했습니다(행 17:28). 바울은 지식의 은사를 가지고 하나님의 말씀의 오묘

함을 조직적으로 그리고 정확하게 변호하고 설명할 수 있었습니다. 모세는 비상한 온유함을 가졌고, 욥은 예외적인 인내가 있었습니다. 그들은 모두 은사를 하나님을 위해 사용했습니다.

구원의 은혜가 없는 자들은 받은 은사를 하나님을 위해 사용하지 않고, 자신의 정욕을 위해 사용합니다(약 4:2, 3). 이들은 은사로 인해 교만해지며, 마치 자기에게 능력이 있는 듯 자랑합니다.

따라서 받은 은사를 확인할 때 그에게 진정한 구원의 은혜가 있는지 살펴보아야 합니다. 진정으로 겸손히 성령의 도우심을 구하는 모습이 있다면 그는 구원의 은혜가 있는 자입니다. 그러나 자신의 영광을 구하거나, 은사를 통해 물질적 이득을 추구한다면 구원의 은혜가 있다고 볼 수 없습니다. 비록 은사가 있다 할지라도 구원의 은혜가 없으면, 그는 위선자로 전락될 가능성이 매우 큽니다(히 6:4-6).

위선자들은 구원의 은혜가 없기 때문에 은사를 가지고 은혜의 모습을 하다가도 마지막에는 그리스도를 떠나 세상으로 갑니다. 따라서 기도 가운데 성령의 은사를 받는 것도 중요하지만, 진정한 구원의 은혜가 있는 것이 더욱 중요합니다.

정리하겠습니다. 신자는 기도 가운데 성령께서 부여하시는 은사를 체험해야 합니다. 교회 내에서 은사 없이 사역을 감당하기란 매우 어렵습니다. 그러나 은사를 남용하거나 혹은 받은 은사로 인해 교만해지지 않도록 주의해야 합니다. 무엇보다 은사가 구원을 나타내는 표지가 아님을 명심해야 할 것입니다.

기 도 합 시 다

1. 직무를 감당하기 위해 기도하는 내가 되게 하소서.
2. 기도 가운데 성령의 은사들을 얻게 하소서.
3. 은사들의 유용성을 깨닫고 겸손히 사용하게 하소서.
3. 주께서 주신 은사를 남용하지 않게 하소서.

고.백. for PRAYER

기도를 위해 능력을 주셔서
신자들에게 유익을 주시고
다른 사람들로 은혜를 누리게 하소서.

_ 존 오웬 John Owen

19

은사로써의 기도³⁾가 필요할 때

미리암이 그들에게 화답하여 이르되
너희는 여호와를 찬송하라
그는 높고 영화로우심이요
말과 그 탄 자를
바다에 던지셨음이로다 하였더라
출애굽기 15:21

모든 신자는 회심하면서 양자의 영을 받고 하나님을 아바 아버지라고 부르짖게 됩니다. 신자는 본성상 기도하도록 되어 있습니다(롬 8:15). 그러므로 신자가 기도하는 것은

---
3) 용어와 내용은 청교도 신학자인 윌리엄 퍼킨스(William Perkins), 존 오웬(John Owen), 리차드 홀링워스(Richard Hollingworth), 그리고 18세기 개혁 신학자인 아이삭 왓츠(Isaac Watts)로부터 온 것이다.

의무입니다. 그런데 의무로 드리는 기도 외에도 신자에게는 성령의 은사로 드리는 기도가 있습니다. 이 은사는 교회와 다른 사람의 유익을 위해 성령께서 주시는 기도의 은사(gift of prayer)입니다.

기도의 은사는 성격상 그 자신을 위한 것이기보다는 다른 사람과 교회를 위한 은사로써 회중 앞에서 말로써 드리는 기도의 은사를 말합니다. 청교도 시대에는 목회자가 회중 앞에서 기도할 때 기도의 은사가 있어야 했습니다.[4]

기도의 은사를 받은 자가 기도하면, 성령의 역사하심에 따라 모든 신자들이 그 기도에 하나가 되어 참여하고, 마치 자신이 기도하는 것과 같은 감동을 받으며, 그래서 기도에 '아멘' 하게 됩니다.

예를 들어 모세는 홍해 바다에서 구원해 주신 하나님을 이렇게 찬양했습니다. "이 때에 모세와 이스라엘 자손이 이 노래로 여호와께 노래하니 일렀으되 내가 여호와를 찬

---

4) 청교도들은 가정 예배를 인도하는 자는 기도의 은사가 있어서 가족들에게 영적 유익을 주어야 한다고 말했다.

송하리니 그는 높고 영화로우심이요 말과 그 탄 자를 바다에 던지셨음이로다"(출 15:1). 모세의 기도에 이스라엘 온 회중이 한마음으로 동참한 것입니다.

미리암의 기도도 마찬가지입니다. 미리암이 하나님을 송축하자 백성들은 소고를 치며 춤을 추었습니다. 이는 성령의 은사로 드리는 기도가 맺는 열매입니다(출 15:21). 학사 에스라가 회중 앞에서 위대하신 하나님 여호와를 송축했을 때도 모든 백성이 손을 들고 '아멘 아멘' 응답했습니다(느 8:6). 에스라가 하나님의 말씀을 강독하기 전에 소리 내어 하나님을 찬양했을 때, 온 백성이 하나가 되어 그 기도에 동참한 것입니다.

신약에도 있습니다. 베드로와 요한이 유대인에게 붙잡혔다가 풀려난 후 그 소식을 알렸을 때 동료들이 한마음으로 하나님께 소리 높여 기도할 수 있었습니다. 그 기도로 무리가 다 성령이 충만하여 하나님의 말씀을 전할 담대함을 얻었습니다(행 4:24-31). 이것이 바로 기도의 은사를 통해 드려진 기도입니다. 기도의 은사로 회중이 한마음으로 기도하고, 그 가운데 성령의 역사로 인하여 회중이 유익을 얻는 것입니다.

청교도들은 기도의 은사와 설교가 같은 목적을 가지고 있다 보았습니다.[5] 기도의 은사는 소리를 내어서 기도하는 가운데 하나님의 뜻에 맞도록 구하는 능력을 의미합니다. 기도의 은사를 받은 자가 기도하는 가운데 성령의 감화를 받은 회중은 그 심령으로 찬송과 감사를 드리게 됩니다.

"시와 찬송과 신령한 노래들로
서로 화답하며
너희의 마음으로
주께 노래하며 찬송하며"(엡 5:19).

모세의 기도에 미리암이 응답했고, 미리암의 기도에 이스라엘 백성이 화답했습니다(출 15:20, 21). 이렇듯 기도의 은

---

5) 퍼킨스와 오웬은 목사가 설교와 기도하는 데 반드시 성령의 은사가 있어야 한다고 말했다. 목사는 회중 앞에서 설교하고, 그들을 위해 간구하고 기도해야 하는데(딤전 2:1) 이런 직분을 감당하기 위해서는 반드시 성령의 은사가 필요하다고 말한다.

사는 온 회중에 찬송과 감사가 넘치게 만듭니다.

기도의 은사는 기도하는 사람들에게 은혜에 대한 거룩한 갈망을 일으킵니다. 그래서 기도에 생명력을 일으키는 수단으로 사용됩니다. 기도의 은사를 통해 회중 가운데 고통받는 영혼이 위로를 받을 수 있으며, 하나님의 뜻을 찾고 구하는 자가 하나님의 뜻을 깨달을 수 있습니다.

성령의 은사의 특성은 교회를 세우는 것입니다. 기도의 은사를 통해 회중은 감사와 찬양을 넘치게 드릴 뿐 아니라 위로와 하나님의 뜻을 발견하는 유익을 얻게 됩니다.

기도의 은사는 성령께서 주권적으로 목적에 따라 각 사람에게 수여하십니다. 기도의 은사는 회중이 올바르게 기도하도록 만드는 데 가장 주된 목적이 있습니다. 그러므로 기도의 은사를 받은 자는 회중의 유익을 위해 공적으로 부지런히 사용해야 하며, 이를 은혜의 선물로 소중히 여기고 향상시켜야 합니다.

성령의 은사들은 사람의 영혼 속에 영적 습관이나 기능처럼 심어집니다. 때문에 이를 강화시키고 증가시키려면 그 은사를 사용해야 합니다.[6] 또한 하나님의 은혜를 소중히 여기고 감사하면서 사용할 때 하나님은 더욱 큰 은혜를 주십니다(마 25:29).

청교도 시대에는 회중을 위한 기도를 드릴 때 철저히 기도의 은사를 요구했습니다. 특히 가정 예배를 드릴 때 기도의 은사가 요구되었습니다.

가정 예배는 보통 먼저 성경을 읽고 본문에 대해 간략히 설명하고 기도했는데, 이때 예배 인도와 기도를 한 명이 맡는 경우가 일반적이었습니다. 그런데 기도하는 자는 반드시 기도의 은사가 있어야 했습니다. 가정 예배에 참석한 식구들이 믿음으로 세워지고 경건함을 추구하도록 은사를 받은 자가 기도를 인도하는 것이 중요했습니다.

오늘날은 기도의 은사라는 용어조차 사라지고, 기도하는 가정도 쉽게 발견할 수 없습니다. 이 시대에 희미해져 가는 성령의 역사를 온 무리가 함께 경험하려면 무엇보다 기도의 은사가 회복되어야 합니다. 기도의 은사가 있는 목회자

---

6) 오웬은 은사들을 사용하지 않는다면 일반적인 습관들처럼 약해지다가 마지막에는 소멸된다고 보았다.

를 통해 신자들이 하나님의 위로를 체험하고, 감동의 예배를 회복해야 합니다. 기도의 은사가 있는 부모를 통해 자녀들이 경건하게 양육되어야 합니다.

기 도 합 시 다

1. 기도의 은사의 유익성을 깨닫고 구하게 하소서.
2. 기도의 은사를 통해서 신자들을 세우는 자가 되게 하소서.
3. 기도의 은사를 통해서 우리 가정을 세우게 하소서.

고.백. for PRAYER

영국 지배 아래에 있는
사회의 공적인 개혁에 대해서 관심이 있습니까?
그것은 하나님의 성령께서 중생하게 하는 역사와
거룩하게 하는 역사를 통해 가능합니다.
합심하여 기도하기를 시작하십시오.

_ 조나단 에드워즈의 편지에서

20

우리를 위한
성령의 은혜

+

여자들과 예수의 어머니 마리아와
예수의 아우들과 더불어
마음을 같이하여
오로지 기도에 힘쓰더라
사도행전 1:14

예수님께서 제자들에게 가르쳐 주신 기도의 첫 문장은 "하늘에 계신 우리 아버지여"입니다. 여기서 '우리'라는 표현은 제자들이 기도할 때 여럿이 모여 기도해야 함을 의미합니다. 물론 예수님은 개인이 골방에서 은밀하게 하는 기도에 대해서도 말씀하셨습니다(마 6:6). 그러나 "내 집은 만민이 기도하는 집이라" 말씀하시고(막 11:17), 여럿이 합심해 드리는 기도에 대해서도 언급하셨습니다[7](마 18:19). 신자들이 합심하여 기도함이 마땅함을 함축하는 부분입니다.

합심 기도는 초대 교회에서 중요한 은혜의 수단이었습니다. 예수님께서 승천하신 후 제자들은 마가의 다락방에 모여 마음을 합해 기도했습니다(행 1:14). 그들은 합심하여 기도하는 중에 성령의 역사를 역동적으로 체험했습니다.

성령께서는 합심 기도 속에서 자신의 뜻을 분명히 드러내시고, 기도하는 자들의 마음을 하나 되게 하시고, 기적적으로 기도에 응답하십니다. 역사적으로도 교회 개혁과 사회 개혁은 신자들이 합심하여 기도하는 가운데 일어났습니다. 신자들이 합심하며 기도할 때 성령께서 강력히 일하시기 때문입니다.

교회에서 하나님의 말씀이 집중적으로 가르쳐지고 성령

---

[7] 신자들이 모여 함께 기도하는 것은 여러 형태를 취할 수 있다. 하나는 신자들이 모인 상태에서 인도자가 기도를 인도하고 회중들은 기도에 동참하는 형태다. 솔로몬은 성전을 봉헌하면서 여호와의 제단 앞에서 이스라엘의 온 회중과 마주 서서 기도를 인도했다(왕상 8:22). 이러한 형태의 합심 기도는 청교도 시대에 영국 하원에서 웨스트민스터 회의를 위해 기도할 때 사용한 방식이다. 다른 하나는 신자들이 모여서 각각 기도를 합심하여 드리는 형태다. 조나단 에드워즈 시대 때부터 이러한 형태의 기도를 기도합주회(concerts of prayer)라 불렀는데, 오케스트라에서 각각의 악기들이 소리를 내고 그 소리들이 모여서 아름다운 곡조를 내는 것에 비유한 것이다.

이 충만하게 되면, 신자들은 합심하여 기도하게 되어 있습니다. 성경은 "유대인이나 헬라인이나 종이나 자유인이나 다 한 성령으로 세례를 받아 한 몸이 되었고 또 다 한 성령을 마시게 하셨느니라"고 말씀합니다(고전 12:13).

오순절 이후 교회의 신자들은 사도의 가르침을 받고 교제하면서 오직 기도하는 일에 힘썼는데(행 2:42), 그들이 성령으로 진리를 깨닫고 성령에 충만함을 입었기 때문입니다. 합심 기도할 때 성령의 역사가 더욱 역동적일 수밖에 없는 이유는 합심 기도에서 성령의 역사가 시작되었기 때문입니다.

신자들이 모여서 기도하면 첫째, 성령께서 하나님의 뜻을 분명히 알리십니다. 마가의 다락방에서 합심하여 기도할 때 제자들은 가룟 유다에 대한 예언을 분명히 깨닫고 유다 대신 다른 사람을 사도로 세워야 함을 알았습니다(행 1:16-22). 그리고 사도의 직무를 행할 자를 택하기 위해 다시 합심하여 하나님의 지혜를 구하는 기도를 드렸습니다. 안디옥 교회에서도 교사들과 선지자들이 함께 기도할 때 성령께서 해야 할 일을 알려 주셨습니다(행 13:2).

이렇듯 신자들이 합심하여 기도할 때 성령께서는 그들이 감당할 직무와 의무를 분명히 깨닫게 하십니다.

신자들이 모여 기도하면 둘째, 기도하는 자들의 마음이 하나가 됩니다. 성령은 연합의 영이십니다(엡 4:3). 신자들이 합심하여 기도할 때 성령은 그 은혜를 증가시켜 심령을 일치시키십니다. 제자들이 가룟 유다를 대신해 맛디아를 세울 때 모두가 한마음으로 받아들였습니다(행 1:26). 안디옥 교회가 바나바와 사울을 전도자로 파송하는 데에도 아무도 반대의 의견을 제시하지 않았습니다. 모두가 성령이 시키는 일에 순종했습니다. 성령께서는 합심 기도 속에서 신자들이 하나로 연합되게 하십니다.

합심하여 드리는 기도는 외형적으로도 연합의 모습을 띠지만, 무엇보다 내적으로 성령이 역사하셨기에 가능한 것입니다. 신자들과 교회가 세상 앞에서 연합된 모습을 나타내는 합심 기도는 하나님께 영광을 돌리는 수단이 됩니다.

셋째, 어려운 일에 봉착했을 때 합심하여 기도하면 성령의 강력한 나타나심을 경험할 수 있습니다. 여호사밧 왕은 모압 자손과 암몬 자손과 마온 사람들이 침공하자(대하 20:1), 유다와 예루살렘의 모든 사람을 모으고 다 함께 기도했습니다. 왕부터 어린아이까지 모두가 함께 기도할 때 여호와의 영이 선지자에게 임해 하나님의 약속을 주셨습니다(대하 20:14, 15). 약속을 신뢰하고 찬양하는 가운데 왕과 유다 백성은 하나님의 기적적인 구원을 체험했습니다(대하 20:21-23). 고난에 처한 신자들이 연합하여 기도할 때 성령은 약속과 기적을 통해 극적으로 건지십니다.

초대 교회 제자들과 신자들은 핍박을 당하는 상황에서 함께 모여 기도했습니다. 당시에는 신자들이 모이는 것 자체가 위험한 일이었지만, 그럼에도 불구하고 그들은 함께 기도했습니다. 그리고 기도를 마쳤을 때 모두 성령이 충만해져서 두려움 없이 하나님의 말씀을 전했습니다(행 4:31). 이렇듯 성령은 신자들이 합심하여 기도하는 가운데 강력히 나타나십니다(히 2:4).

베드로가 옥에 갇혔을 때에도 교회가 모여서 기도하자, 베드로를 묶은 쇠사슬이 저절로 벗어졌습니다. 그리고 베드로는 천사의 인도를 통해 옥에서 빠져나왔습니다(행 12:4-17). 합심 기도를 통해 교회 전체가 하나님의 능력을 경험한 것입니다.

신자들이 합심 기도로 성령의 강력한 역사를 경험하는 일은 교회가 세상에 하나님의 능력을 나타내는 수단이기도 합니다. 이 원리를 잘 알았던 바울은 고린도 교회에게 자신과 동역자들을 위해 기도해 달라고 부탁했습니다(고후 1:11). 고난과 환란에서 건져 주시기를 신자들의 합심 기도로 하나님께 청원했습니다.

1857-58년 뉴욕에서 일어난 대부흥은 신자들이 연합하여 기도하는 가운데 일어났습니다. 당시 신자들은 매일 정오에 교회와 직장에서 연합하여 기도했습니다. 신자들은 경건의 능력을 잃어가는 교회와 점점 배금주의에 빠지는 사회를 안타까워하면서, 성령의 역사가 다시 일어나기를 구했습니다. 하나님께서는 기도하는 신자의 수를 날마다 더하셨고, 기도하는 자들이 많아질수록 성령의 역사는 더욱 강력해졌습니다. 이렇게 일어난 뉴욕의 대부흥은 미국

의 주요 도시로 확산되었습니다.

지금은 한국교회의 영적 각성을 위해 신자들이 일어나 합심하여 기도드릴 때입니다. 한국 사회를 위해서도 신자들이 합심하여 기도해야 합니다. 그 기도 위에 성령의 강력한 역사가 나타날 것입니다.

기 도 합 시 다

1. 신자들이 모여 합심 기도에 힘쓰게 하소서.
2. 합심하여 기도하는 가운데 교회를 향한 하나님의 뜻을 알게 하소서.
3. 합심하여 기도하는 가운데 하나 되게 하시는 성령을 경험하게 하소서.
4. 교회의 어려움들을 위하여 합심하여 기도하게 하소서.
5. 사회에 개혁이 일어날 수 있도록 신자들로 연합하여 기도하게 하소서.

고.백. for PRAYER

"여기 보스톤만큼 이 땅의 부흥을 위해 기도하지 않는 곳을 본 적이 없습니다."
브레이너드는 이 땅을 위해 기도하지 않는 목사들과 교인들을 보며 놀랐다.
그리고 그리스도의 왕국이 흥왕하기를 기도해 달라며 회중에게 유언을 남겼다.

_ 조나단 에드워즈 Jonathan Edwards

21

교회가 성령을
구해야 하는 이유

+

예루살렘이여 내가 너의 성벽 위에 파수꾼을 세우고
그들로 하여금 주야로 계속 잠잠하지 않게 하였느니라
너희 여호와로 기억하시게 하는 자들아
너희는 쉬지 말며
또 여호와께서 예루살렘을 세워
세상에서 찬송을 받게 하시기까지
그로 쉬지 못하시게 하라
이사야 62:6, 7

이사야 시대에 이스라엘은 이방 나라들에 둘러싸여 존폐의 위기에 처했습니다. 그 어려움 속에서 이사야는 예루살렘의 회복을 예언하며 여호와께서 쉬지 못하도록 쉬지 말고 간구하라고 외쳤습니다. 스가랴 선지자도 교회의 회복은 사람의 힘과 능력으로 되지 아니하며 오직 여호와의 영으로만 가능하니 그 영을 구하라고 전했습니다(슥 4:6).

교회는 왜 성령을 구해야 할까요? 예수님은 성령을 구하는 자에게 분명히 응답하겠다고 약속하셨습니다(눅 11:13). 그리고 성령이 함께 거하게 하겠다고 약속하셨습니다(요 14:16, 17). 이 약속을 기억하며 교회가 성령을 구해야 하는 몇 가지 중요한 이유와 목적이 있습니다.

첫째, 교회가 기도하면 성령이 보다 큰 범위와 정도로 부어집니다(outpouring). 그럴 때 교회는 더욱 간절히 하나님의 자비와 은혜를 구하게 됩니다. 특히 부어 주신다는 것은 성령의 영향력이 더욱 강력함을 의미합니다(사 44:3, 잠 1:23, 딛 3:6). 그러므로 교회는 연합하여 성령을 구해야 합니다.

둘째, 성령은 회개의 영이시기 때문에 성령이 부어지면 교회가 영적으로 각성되고 회개가 크게 일어납니다. 스가랴 선지자는 다음과 같이 전했습니다.

"내가 다윗의 집과 예루살렘 주민에게 은총과 간구하는

심령을 부어 주리니 그들이 그 찌른 바 그를 바라보고 그를 위하여 애통하기를 독자를 위하여 애통하듯 하며 그를 위하여 통곡하기를 장자를 위하여 통곡하듯 하리로다"
(슥 12:10).

성령이 교회에 부어지면 교회가 먼저 기도하게 되고, 다시 교회의 기도 가운데 성령께서 역사하셔서 회개가 강력하게 일어납니다. 그래서 교회가 연합하여 성령을 구해야 하는 것입니다. 기도 가운데 역사하시는 성령을 통해 교회는 기도의 열정을 유지할 수 있고, 회개가 크게 일어나 영적인 갱신을 맛보게 됩니다.

셋째, 교회가 성령을 구해야 하는 이유는 하나님 나라가 확장되기 때문입니다. 성령이 강력하게 부어짐으로 구원을 갈망하는 영혼들이 크게 일어나고, 그들이 교회로 몰려올 것을 성경은 예언하고 있습니다. 스가랴 선지자는 성령의 이러한 역사를 통해 교회가 회복되고 선교가 확장될 것을 다음과 같이 예언합니다.

"만군의 여호와가 이와 같이 말하노라

다시 여러 백성과 많은 성읍의 주민이 올 것이라

이 성읍 주민이 저 성읍에 가서 이르기를

우리가 속히 가서 만군의 여호와를 찾고

여호와께 은혜를 구하자 하면 나도 가겠노라 하겠으며

많은 백성과 강대한 나라들이 예루살렘으로 와서

만군의 여호와를 찾고 여호와께 은혜를 구하리라

만군의 여호와가 이와 같이 말하노라

그 날에는 말이 다른 이방 백성 열 명이

유다 사람 하나의 옷자락을 잡을 것이라

곧 잡고 말하기를 하나님이 너희와 함께 하심을 들었나니

우리가 너희와 함께 가려 하노라 하리라 하시니라"

(슥 8:20-23).

   교회는 이 약속을 믿고 하나님께서 이와 같이 성령을 부어 주시기를 기도해야 합니다. 스가랴 선지자는 기도의 방법도 다음과 같이 알려 주었습니다. "봄비가 올 때에 여호와 곧 구름을 일게 하시는 여호와께 비를 구하라 무리에게

소낙비를 내려서 밭의 채소를 각 사람에게 주시리라"(슥 10:1). 봄비 때인데도 비를 구하면 소낙비를 주신다는 것입니다. 즉 예외적인 기도(extraordinary prayer)를 하라는 말씀입니다. 그러면 소낙비와 같이 성령을 교회에 부어 주십니다. 복음 전도와 선교 사역에서 성령의 강력한 역사를 원한다면, 교회가 성령을 구해야 합니다.

넷째, 교회의 기도를 통해 성령이 부어지면 교회가 오직 그리스도 중심이 되며, 그리스도만을 바라보게 됩니다. 그리스도를 바라보는 일에 주의를 기울이지 않는 교회는 순식간에 세속화의 길을 걷게 됩니다. 따라서 교회는 머리이신 그리스도를 바라보아야 합니다(히 12:2). 베드로는 오순절 설교에서 요엘서 2장 28-32절을 인용하며, 성령을 부어 주시면 남종과 여종이 간절히 주의 이름을 부르리라고 전했습니다(행 2:16-21). 교회가 성령을 구해서 주의 이름을 높이는 역사가 있기를 기도해야 합니다.

다섯째, 교회의 기도를 통한 성령의 역사가 강할수록 교회는 한마음과 질서를 가지게 됩니다(행 4:31, 32). 교회에는 진리가 있기 때문에 항상 적들의 공격 대상이 됩니다. 마귀는 거짓 가르침을 침투시켜 교회를 혼란에 빠트리는 전략을 구사합니다. 또한 육적인 성향을 부추겨 분쟁을 일으킵니다(롬 16:17, 20; 유 19). 교회는 이러한 외부의 공격을 직면하기 때문에 성령의 강력한 역사가 필요합니다.

교회가 영적인 질서를 가지고 진리를 보존하려면, 성령의 도우심이 무조건 필요합니다(고전 12:28; 엡 4:11; 고전 14:40; 고전 7:20; 살후 3:1, 2). 그러므로 교회가 연합하여 성령을 구하는 일이 매우 중요합니다.

이사야 선지자는 복음 사역자는 쉼 없이 하나님의 말씀을 가르쳐야 하며, 주의 백성들은 성령을 부어 주실 때까지 쉬지 말고 기도해야 한다고 전했습니다(사 62:6, 7). 성령의 부어 주시는 역사를 아는 백성들이 하나님께 계속해서 기도해야 한다는 뜻입니다.

교회사 가운데 성령의 강력한 부어 주심이 몇 차례 있었습니다. 청교도 시대와 초기 독일경건주의 시대, 미국의 제1, 2차 영적대각성 시대, 평양대부흥 등이 그것입니다. 이들의 공통적인 특징은 교회가 성령의 부어 주심을 사모하고, 그것을 위해 교회가 기도했다는 것입니다. 교회가 함께 기도함으로 영적대각성과 대부흥을 이루고, 이를 통해 경건의 능력을 얻고, 선교가 강력하게 일어났습니다. 이는 오늘날 한국교회에도 필요한 일입니다. 한국교회가 다 함께 성령을 구하는 기도를 드려야 합니다. 21세기 한국교회의 갱신과 선교를 위해 교회가 연합하여 성령의 부어 주심을 구하는 것만이 한국교회가 회복되는 길입니다.

기 도 합 시 다

1. 성령이 교회에 부어지기를 기도로 구하게 하소서.
2. 성령의 부어 주심으로 교회에 회심하는 자들이 크게 일어나게 하소서.
3. 성령의 부어 주심으로 하나님 나라가 확장되기를 기도하게 하소서.

나가는 글

은혜의 계절을 사모하며…

그 날에 말하기를
이는 우리의 하나님이시라
우리가 그를 기다렸으니
그가 우리를 구원하시리로다
이는 여호와시라
우리가 그를 기다렸으니
우리는 그의 구원을 기뻐하며 즐거워하리라
이사야 25:9

청교도들은 성경 구절에 주석을 달면서 기도에 대해 설명했습니다. 그들은 삶 속에서도 성경말씀에 비추어 직접 기도하면서 성령의 역사를 경험하고 나눴습니다. 이 책에서 다룬 성령 기도에 대한 설명이 오늘날에는 어쩌면 생소하게 들릴지 모릅니다. 잘못된 기도들이 우리 주위에 너무 많기 때문입니다.

그러므로 우리는 직접 기도하면서 기도를 이끄시는 성령의 역사를 경험해야 합니다. 여호와께서는 직접 간구하는 심령을 부어 주겠다고 약속하셨습니다(슥 12:10).

바른 기도를 시작하려면 먼저 성령을 구해야 합니다. 이렇게 성령을 구하고 그 성령에 의해 기도가 시작되면, 우리는 회개를 경험하고 용서를 체험하며 하나님의 위로를 받게 됩니다. 그리고 더욱 구원의 확신과 은혜 안에 거하게 됩니다.

신자들이 기도 속에서 진정한 성령의 일하심을 경험한다면, 한국교회에는 경건의 능력이 더욱 나타날 것입니다. 그리고 하나님 나라의 진전에 도구가 될 것입니다.

하나님은 우리가 간구하기를 기다리십니다. 이제 성령의 기도를 시작하며 그 은혜의 때에 응답하실 주님을 기다립시다.

"여호와께서 기다리시나니 이는 너희에게 은혜를 베풀려 하심이요 일어나시리니 이는 너희를 긍휼히 여기려 하심이라 대저 여호와는 정의의 하나님이심이라 그를 기다리는 자마다 복이 있도다"(사 30:18).

사명선언문

너희가 흠이 없고 순전하여……세상에서 그들 가운데 빛들로
나타내며 생명의 말씀을 밝혀 _ 빌 2:15-16

1. 생명을 담겠습니다
만드는 책에 주님 주신 생명을 담겠습니다.
그 책으로 복음을 선포하겠습니다.

2. 말씀을 밝히겠습니다
생명의 근본은 말씀입니다.
말씀을 밝혀 성도와 교회의 성장을 돕겠습니다.

3. 빛이 되겠습니다
시대와 영혼의 어두움을 밝혀 주님 앞으로 이끄는
빛이 되는 책을 만들겠습니다.

4. 순전히 행하겠습니다
책을 만들고 전하는 일과 경영하는 일에 부끄러움이 없는
정직함으로 행하겠습니다.

5. 끝까지 전파하겠습니다
모든 사람에게, 땅 끝까지, 주님 오시는 그날까지
복음을 전하는 사명을 다하겠습니다.

서점 안내

광화문점 서울시 종로구 새문안로 69 구세군회관 1층
02)737-2288(T) 02)737-4623(F)

강남점 서울시 서초구 신반포로 177 반포쇼핑타운 3동 2층
02)595-1211(T) 02)595-3549(F)

구로점 서울시 구로구 시흥대로 577 3층
02)858-8744(T) 02)838-0653(F)

노원점 서울시 노원구 동일로 1366 삼봉빌딩 지하 1층
02)938-7979(T) 02)3391-6169(F)

분당점 경기도 성남시 분당구 황새울로 315 대현빌딩 3층
031)707-5566(T) 031)707-4999(F)

신촌점 서울시 마포구 서강로 144 동인빌딩 8층
02)702-1411(T) 02)702-1131(F)

일산점 경기도 고양시 일산서구 중앙로 1391 레이크타운 지하 1층
031)916-8787(T) 031)916-8788(F)

의정부점 경기도 의정부시 청사로47번길 12 성산타워 3층
031)845-0600(T) 031) 852-6930(F)

인터넷서점 www.lifebook.co.kr